자녀를 세우는
52일 기도
챌린지

자녀를 세우는
52일 기도 챌린지

ⓒ   2022

2022년 2월 25일 1판 1쇄 발행
2025년 9월 15일   7쇄 발행

펴낸이 | 김창영
펴낸곳 | 생명의말씀사

등록 | 1962. 1. 10. No.300-1962-1
주소 | 서울시 종로구 경희궁1길 6 (03176)
전화 | 02)738-6555(본사) · 02)3159-7979(영업)
팩스 | 02)739-3824(본사) · 080-022-8585(영업)

지은이 | 곽상학, 이도복

기획편집 | 서정희, 김유미, 장주연
디자인 | 김혜진
인쇄 | 예원프린팅
제본 | 다온바인텍

ISBN 978-89-04-16790-6 (03230)

저작권자의 허락없이 이 책의 일부 또는 전체를
무단 복제, 전재, 발췌하면 저작권법에 의해 처벌을 받습니다.

자녀를 세우는
52일 기도 챌린지

곽상학
이도복

CHALLENGE

부모인 나 _____ 는

하나님이 주신 자녀 _____ 의

신앙성벽을 세우기 위해

52일 동안 신실하게 기도하기로

다짐합니다.

년   월   일

너희가 내 안에 거하고
내 말이 너희 안에 거하면
무엇이든지 원하는 대로 구하라
그리하면 이루리라(요 15:7).

자녀를 세우는 52일 기도 챌린지

✓ 하루하루 기도하며 자녀의 신앙성벽을 세워 보세요.

1일	2일	3일	4일	5일	6일	7일
✓						

8일	9일	10일	11일	12일	13일	14일

15일	16일	17일	18일	19일	20일	21일

22일	23일	24일	25일	26일	27일	28일

29일	30일	31일	32일	33일	34일	35일

36일	37일	38일	39일	40일	41일	42일

43일	44일	45일	46일	47일	48일	49일

50일	51일	52일

CHALLENGE

챌린지 성공을 축하해요!

추천의 글

아이의 이름을 넣는 빈칸에
먼저 제 이름을 넣고 기도합니다.

코로나 시기로 사춘기 자녀들과 함께하는 시간이 많아지다 보니 서로를 향한 애정 표현이 늘어갑니다. 하지만 24시간 붙어 있으면서 자녀에 대해 알지 못했던 사소한 것들이 눈에 보이기 시작해 엄마로서의 잔소리도 늘어났습니다.

매일 아침 들은 말씀과 기도하며 받은 은혜는 오후가 되면 완전히 사라졌고 감정적으로 지쳐버렸습니다. 그러나 식탁에 앉으면 바로 보이는 『자녀를 세우는 52일 기도 챌린지』 기도문은 화나고 눈물 나는 제 마음을 위로해 주었습니다.

기도문을 읽을 때 아이의 이름을 넣는 빈칸에 먼저 제 이름을 넣고 기도합니다. 저를 위해 기도함으로써 주님의 자녀가 된 복과 은혜를 생각합니다. 저의 기도를 마치면 자녀인 예원이와 예준이의 이름을 넣고 기도하는데 같은 기도문이어도 관점이 달라서 울컥울컥하게 되고, 아빠 하나님의 한없는 사랑으로 인해 자녀들을 바라보는 시선이 달라지곤 했습니다.

자녀를 위해 기도할 때면 '부모로서 축복을 하는지', '내가 바라는 소망을 이야기하는지' 판단하기 어려웠고 욕심으로 기도할 때도 많았습니다. 그런데 이 기도문은 저에게 말씀으로 기도하는 방법을 알려주었고, 내 욕심이 아닌 하나님의 마음으로 기도할 수 있도록 안내해 주었습니다.

이제는 이 기도문으로 내 아이들만을 위해 기도하는 것이 아니라 주변 엄마들과 서로의 자녀를 위해 중보하고 있습니다. 아침마다 SNS에서 엄마들과 기도문의 은혜를 나누고 서로의 자녀 이름을 불러가며 기도합니다.

또한 아이들을 위해 기도하는 남편과 함께 SNS 채팅창에 순서대로 들어가 기도합니다. 저희 아이들과 조카들의 기도를 시작으로 채팅창마다 함께하는 이들의 자녀를 위해 기도합니다. 비록 개개인의 상황과 필요를 모두 알 수는 없지만, 다른 가정의 자녀들도 하나님을 알아가길 바라며 성령의 열매로 선한 영향력을 끼치는 사람이 되길 소망하는 기도를 할 수 있었습니다.

기도는 부모인 저를 먼저 변화시켰고 우리 자녀를 향한 하나님의 사랑과 소망을 품게 했습니다. 다른 가정의 자녀들을 품고 기도하는 넓은 마음까지 주었습니다. 이 귀한 기도문이 널리 널리 전해지길, 부모님들이 기도의 능력을 경험하는 귀한 도구로 사용되길 소망합니다.

_ 충신교회 송지연 집사

부모를 세우시고 자녀를 세우시는
하나님을 만나는 시간으로 초대합니다.

  두 자녀의 엄마로서 자녀를 위해 기도는 하고 있었지만, 형식적인 모습이 많았습니다. 아직 자녀가 어려서 내 품 안에 있으니 제가 보호할 수 있다고 생각했기 때문입니다. 그래서 기도보다는 저의 힘으로 자녀들을 양육했습니다.

  자녀들은 빠르게 성장했고 첫째 아들이 초등학교를 입학하던 때 한 가지 사건을 경험하면서 자녀 기도를 더 이상 늦추면 안 되겠다는 마음을 먹었습니다. 점점 더 넓은 세상으로 나아가는 자녀들을 위해 제가 할 수 있는 가장 큰일이 기도라는 사실을 깨달았기 때문입니다.

『자녀를 세우는 52일 기도 챌린지』는 자녀보다 연약한 두 자녀의 엄마인 저를 먼저 세워주었습니다. 저의 힘을 내려놓고 하나님만을 신뢰하는 믿음의 엄마로 회복시켜 주었습니다. 52일에 다다를수록 기도의 자리에 서는 시간이 설레었고, 하나님이 자녀들을 통해서 하실 일들이 기대되었습니다. 또한, 매일 말씀 위에서 기도할 수 있는 구체적인 기도문이 준비되어 있어서 기도에 대한 부담감도 줄일 수 있었고, 기도를 배우며 자녀를 위한 기도를 확장 시킬 수 있었습니다.

후에는 주변 엄마들에게도 기도로 자녀를 세우는 기쁨을 전했습니다. 그 결과 기도하는 엄마들이 하나둘씩 늘어났고, 지금은 많은 엄마들이 자녀를 세우는 기도에 함께하고 있습니다. 엄마들뿐만 아니라 이제는 남편들도 기도에 동참하여 기도로 자녀들의 신앙성벽을 세우고 있습니다.

자녀 기도 어렵지 않습니다. 『자녀를 세우는 52일 기도 챌린지』와 함께하면 됩니다. 부모를 세우시고 자녀를 세우시는 하나님을 만날 수 있는 기도의 자리로 나아오시길 소망합니다. 하나님의 말씀을 토대로 만들어진 이 기도문이 수많은 엄마들에게 큰 도움이 될 줄로 믿습니다.

_ 안양제일교회 김주연 집사

프롤로그

확실한 방법과 명확한 목적을 가지고 기도를 시작합니다.

몇 해 전에 해군의 초청을 받아 온 가족이 함상 해맞이 행사에 참석한 적이 있습니다. 수평선 위로 떠오르는 태양을 바라보며 합장을 하는 사람, 염주를 돌리는 사람, 눈을 감고 무언가를 중얼거리는 사람, 가슴에 성호를 긋는 사람들이 보였습니다. 그들은 기도를 하고 있었습니다.

저마다의 표현은 달랐지만, 그 간절함은 하나같이 매우 깊어 보였습니다. 그들은 과연 누구에게 무엇을 바라고 있었던 것일까요? 얼마 전 한 조사 기관에서 발표한 한국인이 가장 바라는 소원 세 가지는 경제력, 가족의 건강, 자녀의 형통함이었습니다. 단 한 가지도 뺄 수 없는 절대적인 우리들의 소원이 맞습니다.

성경의 인물인 느헤미야에게도 어느 날 소원이 한 가지 생겼습니다. 포로로 잡혀간 이방 땅에서 자신의 고국 예루살렘의 소식을 들을 때였습니다. 예루살렘의 성벽이 무너지고 성문이 불타고 백성들이 멸시당한다는 소식을 들은 느헤미야는 예루살렘 성전의 성벽을 재건해야겠다고 다짐했습니다.

기도의 사람 느헤미야는 왕에게 이런 사정을 진실하게 고하여 마침내 유다 지역의 총독으로 임명을 받아 이스라엘 포로의 3차 귀환을 이끌게 됩니다. 그리고 그는 곧바로 예루살렘 성벽 재건에 돌입했습니다. 주변의 온갖 방해와 공격이 있었지만, 느헤미야는 온 백성과 하나가 되어 52일 만에 성벽 재건을 완성해 냅니다. 그리고 재건된 그 웅장한 성벽을 본 원수들은 이스라엘과 함께하시는 하나님을 깨닫고 두려워하며 떨게 되었습니다.

우리는 지금부터 '52일 동안 자녀의 신앙성벽 세우기'에 도전합니다. 확실한 방법과 명확한 목적을 가지고 기도를 시작합니다. 하늘의 백성으로 살아가도록 인도하시는 성령님의 능력을 힘입어, 내 자녀에게 생명과 사명을 허락하신 아버지 하나님께, 내 자녀를 위해 한 방울의 피도 남김없이 흘려주신 예수님의 이름으로 기도하며 자녀의 신앙성벽을 세워 갈 것입니다. 또한, 이레 동안의 기도를 마칠 때마다 등장하는 '믿음의 자녀로 키우는 팁'을 통해 자녀를 바라보는 우리의 마음이 더욱 성장하길 기대합니다.

52일 동안 훈련된 기도의 자리가 52주가 되고 52년이 되어서, 자녀의 신앙성벽이 견고하게 세워지기를 예수님의 이름으로 축복합니다.

_ **곽상학 목사** (다음세움선교회 대표, 안양제일교회 교육총괄)

**부모인 나 또한
하나님의 소중한 자녀입니다.**

하나님의 선물인 자녀에게 부모는 무엇을 줄 수 있을까요? 자녀가 성장할수록 결국에는 기도가 가장 귀한 선물인 것을 깨닫게 됩니다.

성경에서 자녀를 위한 간절한 기도 중 하나가 아브라함이 이삭을 바칠 때 했던 기도입니다. 그토록 힘들고 어렵게 찾아온 아들인 이삭을 드릴 때, 그의 심정을 감히 상상이나 할 수 있을까요? 하나님은 부모인 아브라함에게 말씀하십니다.

"여호와께서 이르시되 네 아들 네 사랑하는 독자 이삭을 데리고 모리아 땅으로 가서 내가 네게 일러 준 한 산 거기서 그를 번제로 드리라"(창 22:2).

영어 성경은 하나님이 이삭을 지칭하는 구절을 "your son, your only son, whom you love"라고 표현합니다. 하나님이 아브라함에게 이렇게 말씀하시는 것 같습니다. "아브라함아 너의 마음속에는 온통 이삭으로만 가득 차 있구나!" 하나님은 아브라함의 삶의 이유가 바뀐 것을 알고 계셨습니다.

아브라함이 이삭을 번제단에 올려드리자, 하나님은 아브라함을 급하게 막으십니다. "아브라함아! 아브라함아! 네가 네 아들 네 독자까지도 내게 아끼지 아니하였으니 내가 이제야 네가 하나님을 경외하는 줄을 아노라" 이제야(Now) 아브라함은 다시 하나님이 최고의 우선순위가 되었습니다. 이 영적인 전환이 이루어질 때, 아브라함은 비로소 하나님이 이삭을 위해 번제물로 예비해 두신 숫양을 발견하게 됩니다.

'자녀를 위한 기도'란 무엇일까요? 나에게 허락하신 자녀가 나의 소유가 아니라 하나님의 소유임을 확인하는 시간입니다. 부모가 해줄 수 없는 영역의 것까지 가장 좋은 것으로 준비하시는 하나님의 손길을 신뢰하는 시간입니다.

『자녀를 세우는 52일 기도 챌린지』를 통해 나의 자녀와 우리 가정을 사랑하는 하나님을 만나시기를 바랍니다. 부모인 나 또한 하나님의 소중한 자녀임을 깨닫는 은혜의 시간이 되시기를 소망합니다. 여러분의 가정에 기도의 성벽이 견고하게 세워지길 간절히 기도합니다.

_ 이도복 목사 (충신교회 교육총괄)

CONTENTS

추천의 글 8
프롤로그 12

믿음의 가정에서 자라는 하나님의 자녀

01일	믿음의 부모, 믿음의 가정	26
02일	창조주 하나님을 경외하는 자녀	28
03일	예수님의 십자가 사랑을 믿는 자녀	30
04일	하나님의 소유가 된 백성임을 아는 자녀	32
05일	하나님을 인격적으로 만나는 자녀	34
06일	하나님의 인도하심을 받는 자녀	36
07일	하나님을 간절히 찾는 자녀	38

믿음의 자녀로 키워요 1

자녀 교육 이전에 부부 관계가 먼저입니다   40

전능하신 하나님과 함께하는 자녀

08일	함께하시는 하나님을 붙잡는 자녀	44
09일	보호하시는 하나님을 바라보는 자녀	46
10일	힘이신 하나님을 의지하는 자녀	48
11일	응답하시는 하나님을 신뢰하는 자녀	50
12일	예비하시는 하나님을 고백하는 자녀	52
13일	평화 주시는 하나님을 체험하는 자녀	54
14일	사랑 주시는 하나님을 기뻐하는 자녀	56

믿음의 자녀로 키워요 2

내 자녀는 지금 행복한가요?   58

CHALLENGE

신실하신 예수님을 닮아 가는 자녀

15일	말씀을 사모하고 묵상하는 자녀	62
16일	하루를 기도로 시작하는 자녀	64
17일	하루를 감사로 마무리하는 자녀	66
18일	기도의 능력을 체험하는 자녀	68
19일	항상 기뻐하며 감사하는 자녀	70
20일	참된 예배자의 삶을 사는 자녀	72
21일	복음의 소식을 전하는 자녀	74

믿음의 자녀로 키워요 3

복음에 기초한 자녀 양육   76

하나님과 이웃에게 사랑받는 자녀

22일	하나님과 이웃을 사랑하는 자녀	80
23일	세계를 품고 기도하는 자녀	82
24일	믿음의 친구를 만나는 자녀	84
25일	어른을 공경하고 예의를 갖춘 자녀	86
26일	가족의 사랑 속에서 성장하는 자녀	88
27일	새로운 피조물로서 영향력을 끼치는 자녀	90
28일	축복의 통로로 쓰임 받는 자녀	92

믿음의 자녀로 키워요 4

연령별 양육의 키워드: 4C of Parenting　　　　　94

지혜가 자라고
미래가 자라는 자녀

29일	좋은 인격과 성품을 가진 자녀	98
30일	지혜로운 말과 행동을 하는 자녀	100
31일	거룩함과 성결함을 추구하는 자녀	102
32일	배움의 열정으로 나날이 성장하는 자녀	104
33일	주 안에서 비전을 바라보는 자녀	106
34일	형통한 장래를 위해 기도하는 자녀	108
35일	행복한 결혼 생활을 준비하는 자녀	110

믿음의 자녀로 키워요 5

자녀와 대화 시작하기   112

세상에서 승리하는 자녀

36일	천국을 소망하며 사명감으로 사는 자녀	116
37일	치유와 회복을 경험하는 자녀	118
38일	두려움에서 벗어나 담대하게 일어서는 자녀	120
39일	세상의 유혹에서 승리하는 자녀	122
40일	고난을 말씀으로 해석하는 자녀	124
41일	하나님의 뜻을 바르게 분별하는 자녀	126
42일	은사를 충성스럽게 사용하는 자녀	128

믿음의 자녀로 키워요 6

미디어 속에서 살아가는 자녀　　　　　　　　　　130

CHALLENGE
성령의 열매를 맺는 자녀

43일	성령님과 동행하는 자녀	134
44일	사랑의 열매를 맺는 자녀	136
45일	희락의 열매를 맺는 자녀	138
46일	화평의 열매를 맺는 자녀	140
47일	오래 참음의 열매를 맺는 자녀	142
48일	자비의 열매를 맺는 자녀	144
49일	양선의 열매를 맺는 자녀	146
50일	충성의 열매를 맺는 자녀	148
51일	온유의 열매를 맺는 자녀	150
52일	절제의 열매를 맺는 자녀	152

믿음의 자녀로 키워요 7

이 땅의 아빠들을 응원합니다   154

믿음의 가정에서 자라는
하나님의 자녀

01일 년 월 일

믿음의 부모, 믿음의 가정

"곧 너와 네 아들과 네 손자들이 평생에 네 하나님 여호와를 경외하며
내가 너희에게 명한 그 모든 규례와 명령을 지키게 하기 위한 것이며
또 네 날을 장구하게 하기 위한 것이라"(신 6:2).

하나님, 우리 가정에 복된 자녀 _____를 선물로 주시고
많은 기쁨과 행복을 허락해 주셔서 감사합니다.
부모라는 이름이 때로는 무겁고 힘겹지만,
이 땅에 하나님 나라를 이루시기 위해
나를 빚어 가시고 우리 가정을 이끌어 가시는
하나님의 인도하심을 끝까지 신뢰하게 하옵소서.

하나님, 저는 양과 같이 눈이 어두워
자녀의 미래와 장래를
끊임없이 염려하고 불안해합니다.
부모인 저에게 믿음을 주셔서
소망의 눈으로 _____를 바라보게 하옵소서.

훗날에 _____를 향한 하나님의 아름답고
원대한 계획이 성취되어
_____가 주님께 영광 돌리게 하옵소서.

하나님, 부모인 제가 세상과 삶의 자리에서
수없이 흔들릴 때마다 붙잡아 주시기를 원합니다.
그리하여 우리 가정이
모든 일에 함께 기도의 손을 꼭 붙잡는
믿음의 가정이 되게 해 주시고
부모의 믿음보다 _____의 믿음이 더 아름다운
가정이 되는 복을 주옵소서.

예수님의 이름으로 기도합니다.
아멘.

오늘의 한 줄 기도

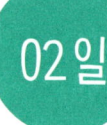

창조주 하나님을 경외하는 자녀

"주의 손가락으로 만드신 주의 하늘과 주께서 베풀어 두신
달과 별들을 내가 보오니 사람이 무엇이기에 주께서 그를 생각하시며
인자가 무엇이기에 주께서 그를 돌보시나이까"(시 8:3-4).

하나님, 사랑하는 자녀 _____가
말씀으로 온 세상을 창조하신
하나님 아버지의 위대하심을 찬양하게 하옵소서.
_____가 자신의 생명을 지으시고
자신의 삶에 섭리하시는
하나님의 은혜를 찬양하게 하옵소서.

사랑하는 _____와 함께
하나님을 경외하는 가정을 이루길 원합니다.
어떠한 유혹이 와도 말씀 위에 든든히 서며
하나님의 뜻을 이 땅 가운데 이루어 가는
거룩한 가정이 되게 하옵소서.

_____가 아름다운 창조 세계 속에서
하나님을 기억하게 하옵소서.
해와 달과 별을 볼 때마다
하나님의 섬세하심을 느끼며,
나무와 꽃과 열매를 볼 때마다
생명을 불어 넣으시는
하나님을 경험하게 하옵소서.
우리를 돌보시는
하나님의 선한 손길을
경험하며 살도록 인도해 주옵소서.

존귀하신 예수님의 이름으로 기도합니다.
아멘.

오늘의 한 줄 기도

예수님의 십자가 사랑을 믿는 자녀

"내가 그리스도와 함께 십자가에 못 박혔나니
그런즉 이제는 내가 사는 것이 아니요 오직 내 안에 그리스도께서 사시는 것이라
이제 내가 육체 가운데 사는 것은 나를 사랑하사 나를 위하여
자기 자신을 버리신 하나님의 아들을 믿는 믿음 안에서 사는 것이라"(갈 2:20).

하나님, 사랑하는 _____가
자신을 구원해 주신 하나님의 한없는 사랑을
기억하며 감사하기를 원합니다.
거룩하시고 완전하신 하나님의 은혜를 찬양하며
기뻐하는 자녀가 되게 하옵소서.

말씀을 사모하고
기쁨과 감사로 살아가는 부모의 모습을
_____가 보고 배우게 되기를 원합니다.
믿음의 부모로서 사랑하는 _____를 양육할 때
사명감을 가지고 신앙을 가르치게 하옵소서.

세상의 거짓된 가치관에 현혹되지 않도록
견고한 믿음을 주옵소서.

_____가 예수님의 십자가 사랑을
가슴 깊이 느끼게 하옵소서.
구원을 베푸신 하나님의 은혜에 감격하여
날마다 기쁨이 넘치도록 인도해 주시고,
성령 충만함으로 십자가의 사랑을
친구들과 이웃에게 전하게 하옵소서.

우리를 위해 모든 것을 내어주신
예수님의 이름으로 기도합니다.
아멘.

오늘의 한 줄 기도

04일   년   월   일

하나님의 소유가 된 백성임을 아는 자녀

"너희는 택하신 족속이요 왕 같은 제사장들이요 거룩한 나라요
그의 소유가 된 백성이니 이는 너희를 어두운 데서 불러내어
그의 기이한 빛에 들어가게 하신 이의
아름다운 덕을 선포하게 하려 하심이라"(벧전 2:9).

하나님, 사랑하는 _____를
어두움에서 불러내어
빛으로 들어가게 해 주심에 감사합니다.
_____가 하나님의 아름다운 덕을
다른 사람들에게 전하는 삶을 살게 하옵소서.

사랑하는 _____를 택해 주시고
왕 같은 제사장이요 거룩한 나라요
하나님의 소유가 된 백성으로
불러 주시니 감사합니다.
하나님의 자녀로서의 정체성을 가지고
상속받게 될 하늘나라를 소망하며 살게 하옵소서.

사랑하는 _____가
자신이 하나님의 특별한 소유임을
마음 깊이 깨닫고 감사하기를 원합니다.
어두움이 그를 덮지 못하게 해 주시고
하나님의 빛의 자녀로
성실하고 정직한 삶을 살게 하옵소서.
주님을 증거하며, 복음 전하기를 기뻐하는
믿음의 여정을 걷게 하옵소서.

우리를 자녀로 불러 주신
예수님의 이름으로 기도합니다.
아멘.

오늘의 한 줄 기도

하나님을 인격적으로 만나는 자녀

"어두운 데에 빛이 비치라 말씀하셨던 그 하나님께서
예수 그리스도의 얼굴에 있는 하나님의 영광을 아는 빛을
우리 마음에 비추셨느니라"(고후 4:6).

하나님, 사랑하는 _____가
나보다 나를 더 잘 아시며 먼저 찾아오셔서
손 내밀어 주시는 하나님을 만나기 원합니다.
우리 안에는 하나님을 알 만한 지식이 없으며
깨달을 만한 지혜도 없음을 고백합니다.
그럼에도 말씀과 기도를 통해
하나님을 더욱 알아 가도록 인도해 주옵소서.

_____에게 예수님을 인격적으로
깊이 만나는 시간을 허락해 주옵소서.
세상의 그 누구보다, 그 무엇보다
예수님만을 사랑한다고 고백하게 하옵소서.

그리하여 하나님께 받은 사랑을 누리고
그 사랑을 나누며 살게 하옵소서.

사랑하는 _____가 죄악을 멀리하고
하나님을 더 가까이함으로
참된 복 가운데 살기를 원합니다.
때로 슬픔과 고통 속에 있을 때
하나님의 사랑을 확신하며 일어서게 하옵소서.
혹시 하나님과 멀어지려고 할 때
성령님이 감화하심으로 깨우쳐 주옵소서.

우리를 친히 찾아오시는
예수님의 이름으로 기도합니다.
아멘.

`오늘의 한 줄 기도`

06일

년 월 일

하나님의 인도하심을 받는 자녀

"사람이 마음으로 자기의 길을 계획할지라도
그의 걸음을 인도하시는 이는 여호와시니라"(잠 16:9).

하나님, 사랑하는 _____가
우리의 모든 것을 아시는 하나님을 믿음으로써
마음속에 강 같은 평화가 넘치길 원합니다.
목적을 가지고 우리를 만드시고
귀한 사명을 주시는
하나님을 찬양하는 삶이 되게 하옵소서.

사랑하는 _____가 자신의 연약함을 아시는 주님께
인생을 맡기고 의지하기를 원합니다.
자신의 성취를 나의 능력으로 이루었다고
착각하거나 교만하지 않게 하옵소서.
시작과 끝을 아시는 예수님이
_____의 앞길을 인도해 주옵소서.

사랑하는 _____가 인생길에서 실수하거나
방황하더라도 곧바로 주님께 돌아오게 하옵소서.
혹여 어두운 골짜기를 다니게 될지라도
눈동자같이 지켜 주시고
보호해 주시기를 간절히 원합니다.
선한 목자이신 하나님이
진리의 길로 인도해 주시고
그 안에서 평안이 넘치게 하옵소서.

우리 가정의 길이신
예수님의 이름으로 기도합니다.
아멘.

오늘의 한 줄 기도

07일   년   월   일

하나님을 간절히 찾는 자녀

"나를 사랑하는 자들이 나의 사랑을 입으며
나를 간절히 찾는 자가 나를 만날 것이니라"(잠 8:17).

하나님, 사랑하는 _____가
요동치는 세상 속에서
믿음이 흔들리지 않도록 지켜 주옵소서.
하나님을 간절히 찾을 때 인격적으로 만나 주시고
하나님을 사랑하는 마음이
평생 변하지 않게 해 주옵소서.

_____가 먼저 하나님의 나라와 의를
구하게 해 주시고 모든 것을 더해 주시는
하나님의 은혜를 경험하게 하옵소서.
마음과 정성을 다하여
예수님을 진실로 사랑하며,
주님의 크신 사랑을
나타내는 도구로 사용해 주옵소서.

사랑하는 _____가 세상의 것을 구하지 않고
영원한 하나님의 나라를 구하게 하옵소서.
세상의 헛된 것과
거짓된 행복으로부터 멀어지게 해 주시고
악에서 건져 주시기를 원합니다.
하나님께 구하고 찾고 두드리는 _____에게
하나님의 때에 가장 선한 방법으로 응답하여 주옵소서.

구하고 찾는 자를 만나 주시는
예수님의 이름으로 기도합니다.
아멘.

오늘의 한 줄 기도

믿음의 자녀로 키워요 1

자녀 교육 이전에 부부 관계가 먼저입니다

자녀를 양육하다 보면 부부 관계가 더 단단해지기도 합니다. 그러나 그렇지 않은 경우도 많은 것 같습니다. '자녀 때문에 참는다'는 이야기가 들릴 정도로 부부 관계가 소원해지기도 합니다. 자녀가 부부 관계를 지탱해 주는 큰 힘이 되기도 하지만, 근본적으로는 부부 관계가 튼튼해야 자녀가 건강하게 자라날 수 있습니다.

부부 관계를 건강하게 유지하기 위한 최선의 방법은 부부 사이의 대화 회복입니다. 상담학자 게리 채프먼(Gary Champman) 박사는 『사랑의 5가지 언어』라는 책에서 부부가 '사랑 탱크'(love tank)를 채우는 5가지의 언어를 배워야 한다고 말합니다.

첫 번째, '인정하는 말'입니다. "오늘 정말 수고 많았어요", "오늘 저녁 너무 맛있다!"

배우자에게 인정하는 말을 들으면, 자신이 존중을 받고 있다고 느끼게 됩니다. 우리 부부에게 칭찬과 격려의 말이 얼마나 있나요? 자신이 존중받고 싶다면, 배우자 칭찬에 후해지면 됩니다.

"두 번째, '함께하는 시간'입니다. "여보! 이번 주말에 근처 산에 가볼까?"

자녀들이 자랄수록 둘만의 오붓한 시간이 점점 사라집니다. 부부 사이에는 서로의 감정을 공유하고 진정한 대화를 하는 시간이 필요합니다. 문제를 해결할 수 있는 충고가 아니라, 그저 상대방의 이야기를 들어주어야 합니다.

세 번째, '선물'입니다. "당신이 좋아하는 것 같아서 준비했어!"
최근 배우자에게 어떤 선물을 하셨나요? 현금과 같은 실용적인 선물도 좋지만, 마음이 담긴 선물을 해 보세요. 깜짝 선물은 사랑의 탱크를 채우는 윤활제와 같습니다.

네 번째, '봉사'입니다. "여보, 오늘 저녁에 내가 설거지할까?"
배우자를 향한 섬김은 번거로운 일을 내가 맡기로 결단할 때 일어납니다. 배우자가 나에게 원하는 간단한 봉사 리스트가 있다면 그것을 완수해 주세요. 서로에게 감사하는 마음이 넘치게 될 것입니다.

다섯 번째, '스킨십'입니다. "요즘 많이 피곤하죠? 내가 어깨 주물러 줄게요."
부부는 상대방이 원하는 스킨십을 통해 '사랑 탱크'를 채워야 합니다. 길을 갈 때 따스하게 손을 잡아주세요. 앉아 있을 때 뒤에서 포근히 안아주세요. 배우자에게 보호받고 있으며, 사랑받고 있음을 느끼게 해주는 스킨십은 매우 중요한 사랑의 언어입니다.

사람은 누구나 자신만의 사랑의 언어를 가지고 있습니다. 그래서 우리는 배우자가 사랑을 더 많이 느낄 수 있는 사랑의 언어가 무엇인지 배워야 합니다. 삶의 순간마다 배우자의 '사랑 탱크'를 가득 채워줘야 합니다. 부부는 '사랑 탱크' 수치에 따라 삶에서 찾아오는 어려움을 극복할 힘이 생깁니다. 꼭 기억하세요. 자녀 교육보다 부부 사이가 먼저입니다.

〈참고 문헌〉
게리 채프먼, 『5가지 사랑의 언어』(생명의말씀사, 2010).

+

전능하신 하나님과
함께하는 자녀

+

년   월   일

함께하시는 하나님을 붙잡는 자녀

"내가 너와 함께 있어 네가 어디로 가든지 너를 지키며 너를 이끌어 이 땅으로 돌아오게 할지라 내가 네게 허락한 것을 다 이루기까지 너를 떠나지 아니하리라 하신지라"(창 28:15).

하나님, 사랑하는 _____가
하나님과 평생 동행하는 삶을 살길 원합니다.
인생에 외로움과 고난이 찾아올 때
부모의 손길조차 부족하다고 느낄 때
하나님이 친히 찾아가 만나 주옵소서.

사랑하는 _____의 삶 속에서 필요에 따라
이른 비와 늦은 비를 내려 주시니 감사합니다.
_____가 늘 함께하시는 하나님을 경험하며
'나의 하나님'을 입술로 고백하게 해 주시고
삶을 이끄시는 주님을 보게 하옵소서.

사랑하는 _____가
때때로 흔들리고 넘어지더라도
다시 중심을 잘 잡게 해 주셔서
주님이 허락하신 것을 끝까지 바라보며
언약의 자녀로서 삶을 살게 하옵소서.

영원히 함께하시는
예수님의 이름으로 기도합니다.
아멘.

오늘의 한 줄 기도

09일

년　　월　　일

보호하시는 하나님을 바라보는 자녀

"이로 말미암아 모든 경건한 자는
주를 만날 기회를 얻어서 주께 기도할지라
진실로 홍수가 범람할지라도 그에게 미치지 못하리이다
주는 나의 은신처이오니 환난에서 나를 보호하시고
구원의 노래로 나를 두르시리이다"(시 32:6–7).

하나님, 사랑하는 _____가
피난처이시고 피할 바위이신
하나님을 바라보기 원합니다.
세상의 유혹과 핍박이 몰려올 때
구원의 반석이신 하나님의 이름으로
승리하게 하옵소서.

_____를 예수님의 보혈로 덮으사
악한 영과 나쁜 생각이
틈타지 않도록 보호해 주시고
언제, 어디에서나 주님을 찾는
경건한 자녀로 성장하게 하옵소서.

사랑하는 _____가
기도와 찬송이 떠나지 않는
믿음이 굳건한
하나님의 자녀가 되게 하옵소서.

환난에서 보호해 주시고 구원해 주시는
예수님의 이름으로 기도합니다.
아멘.

오늘의 한 줄 기도

10일

힘이신 하나님을 의지하는 자녀

"나의 발을 암사슴 발 같게 하시며 나를 나의 높은 곳에 세우시며
내 손을 가르쳐 싸우게 하시니 내 팔이 놋 활을 당기도다
또 주께서 주의 구원하는 방패를 내게 주시며
주의 오른손이 나를 붙들고
주의 온유함이 나를 크게 하셨나이다"(시 18:33-35).

하나님, 사랑하는 _____가
자신의 힘이신 여호와를 사랑하길 원합니다.
매일의 삶 속에서
'주님만이 나의 힘'이심을
담대하고 잠잠하게 고백하도록 도와주옵소서.

_____의 발을 사슴과 같게 하사
주저앉고 싶을 때
마음이 무너질 때
다시 뛰게 해 주시고,
일어날 힘이 되어 주옵소서.

사랑하는 _____가
말씀의 검으로 악한 생각과
두려움을 물리치게 해 주시고
성령의 능력으로 붙들어 주옵소서.
주의 온유함을 닮아
두 사람이 강건하게 해 주시고
이웃에게는 따뜻함을 발하게 하옵소서.

나 주의 오른손으로 붙들어 주시는
주의 이름으로 기도합니다.

년   월   일

응답하시는 하나님을 신뢰하는 자녀

"일을 행하시는 여호와, 그것을 만들며 성취하시는 여호와,
그의 이름을 여호와라 하는 이가 이와 같이 이르시도다
너는 내게 부르짖으라 내가 네게 응답하겠고
네가 알지 못하는 크고 은밀한 일을 네게 보이리라"(렘 33:2–3).

하나님, 사랑하는 _____가
하나님을 온전히 바라보며 신뢰하기를 원합니다.
자신의 삶에서 모든 일을 행하시는 하나님,
모든 것을 만드시고 성취하시는 하나님만을
의지하게 하옵소서.

때마다 기도하는 _____가 되게 해 주셔서
하나님께 풍성한 응답을 받는 자녀로
성장하게 하옵소서.
그리하여 기도의 능력을 믿으며,
가정과 나라와 열방을 위해 손을 모으는
기도의 용사가 되기를 원합니다.

_____의 영의 눈을 열어 주셔서
선과 악을 분별할 수 있는 기체를 주시고
하나님의 크고 은밀하신 일들을 볼 수 있는
비전의 사람으로 성장하게 하옵소서.

새 언약의 중보자이신
예수님의 이름으로 기도합니다.
아멘.

오늘의 한 줄 기도

년　월　일

예비하시는 하나님을 고백하는 자녀

"땅을 돌보사 물을 대어 심히 윤택하게 하시며
하나님의 강에 물이 가득하게 하시고 이같이 땅을 예비하신 후에
그들에게 곡식을 주시나이다 주께서 밭고랑에 물을 넉넉히 대사
그 이랑을 평평하게 하시며 또 단비로 부드럽게 하시고
그 싹에 복을 주시나이다"(시 65:9-10).

하나님, 사랑하는 _____에게
물 댄 동산처럼 넘치는 은혜를 부어 주옵소서.
윤택하게 하시는 복을 누리게 해 주시고
그 복이 이웃과 주변에 흘러가게 하옵소서.

_____가 모든 상황 속에서
예비하시는 하나님을 발견하게 해 주셔서
아브라함과 같이 '여호와 이레',
예비하시는 하나님을
평생 고백하게 되기를 원합니다.

사랑하는 _____가
말씀과 기도의 단비로 부드러운 싹이 되고
건강하게 자라 튼튼한 줄기를 뻗게 해 주시고
아름다운 열매를 맺는
의의 나무가 되게 하옵소서.

언제나 최선을 예비하시는
예수님의 이름으로 기도합니다.
아멘.

오늘의 한 줄 기도

년 월 일

평화 주시는 하나님을 체험하는 자녀

"평안을 너희에게 끼치노니 곧 나의 평안을 너희에게 주노라
내가 너희에게 주는 것은 세상이 주는 것과 같지 아니하니라
너희는 마음에 근심하지도 말고 두려워하지도 말라"(요 14:27).

하나님, 사랑하는 _____에게
여호수아에게 주셨던 담대함과
마음의 평안을 주시길 원합니다.
두려움과 근심하는 마음을 물리쳐 주시고
'여호와 샬롬'으로 가득 채워 주옵소서.

폭풍우를 잠잠하게 하시는 주님,
사랑하는 _____가 어려운 상황과 형편에서도
문제보다 크신 주님을 신뢰하며
"안심하라 내니 두려워하지 말라"(막 6:50) 말씀하시는
주님의 음성을 듣길 원합니다.

중요한 순간마다
_____의 입술과 생각을 주장하여 주옵시고,
하늘의 지혜를 더해 주셔서
주님의 마음을 전하는
평화의 도구로 사용하여 주옵소서.

참된 평화를 주시는
예수님의 이름으로 기도합니다. 아멘.

오늘의 한 줄 기도

년 월 일

사랑 주시는 하나님을 기뻐하는 자녀

"지극히 큰 영광 중에서 이러한 소리가 그에게 나기를
이는 내 사랑하는 아들이요 내 기뻐하는 자라 하실 때에
그가 하나님 아버지께 존귀와 영광을 받으셨느니라"(벧후 1:17).

하나님, 사랑하는 _____가
자신을 사랑하사 아낌없이 독생자를 주신
하나님의 사랑을 깊이 깨달아
세상 무엇보다 하나님을 사랑하길 원합니다.

_____가 세상의 기준과 가치로
자신을 바라보지 않고
"내가 너를 사랑한다. 내가 너를 기뻐한다" 말씀하시는
주님의 음성에 귀 기울이게 하옵소서.
그리하여 자신이 얼마나 존귀한 존재인지를 깨닫고
거룩한 제사장의 삶을 살아가게 하옵소서.

사랑하는 _____가 오래 참고,
온유하며, 자랑하지 않으며,
진리를 기뻐하는 열매를 맺기 원합니다.
예수님을 닮아
주님께 존귀와 영광을 돌리는 것이
최고의 목적과 의미가 되게 하옵소서.

끝까지 기다려 주시고 사랑해 주시는
예수님의 이름으로 기도합니다.
아멘.

오늘의 한 줄 기도

믿음의 자녀로 키워요 2

내 자녀는 지금 행복한가요?

내 자녀는 지금 행복한가요? 최근 자녀에게 행복한지 물어보신 적이 있나요? 한국방정환재단의 연구(2019년)에 따르면, 우리나라 어린이와 청소년의 '삶의 만족도'는 OECD 국가 중 꼴찌를 기록했으며, '주관적 행복지수'도 전년도보다 낮아졌습니다. 특히 '주관적 행복지수'를 이루는 요소 중에서 '주관적 건강지수'와 '삶의 만족도'가 큰 폭으로 감소하고 있는 것을 볼 때 자녀들이 육체적으로, 정신적으로 점점 더 어려움을 겪고 있음을 알 수 있습니다.

처음 이 조사를 시작했던 2009년에 행복의 조건으로 "가족과 건강보다 돈이 필요하다"고 응답한 학생이 가장 많은 연령은 고등학교 2학년이었습니다. 그러나 10년이 지나 그 연령이 중학교 3학년으로 내려왔습니다. 중학생 때부터 돈이 행복의 최우선이 된 것입니다. 이 연구를 진행한 연세대학교 염유식 교수는 자녀들이 이런 가치관을 갖게 된 데는 전적으로 부모에게 원인이 있다고 말합니다. 그는 부모가 자녀에게 어떻게 하면 행복해질 수 있는지, 행복할 수 있는 방법과 길을 제시해 준 적이 없다고 평가하고 있습니다.

최근 자녀에게 주로 어떤 질문을 하셨나요? 다음과 같은 질문을 하지는 않았나요?

"숙제 다 했어?"
"잘했어, 잘못했어?"
"아빠, 엄마가 이렇게 하지 말랬지?"

"나중에 커서 뭐가 되려고 그러니?"
"아빠, 엄마가 너 때문에 이 고생하는 줄 알아, 몰라?"

이러한 질문은 자녀와의 대화라기보다는 일방적인 훈육과 같습니다. 이제 자녀에게 이러한 질문을 해보는 것은 어떨까요?

"요즘 너를 가장 기쁘게 하는 건 뭐니?"
"네 꿈이 이루어지면 어떤 마음이 들 것 같니?"
"요즘 너를 힘들게 하는 것은 무엇이니?"
"요즘 네 마음에 어떤 감정이 있니?"

하나님은 우리가 행복하기를 원하십니다. 하나님이 허락해 주신 은혜와 사랑으로 행복한 삶을 살도록 복을 주고 계십니다.

"이스라엘이여 너는 행복한 사람이로다"(신 33:29상).

부모가 자녀의 감정을 자주 물어보면, 자녀는 자신의 감정과 마음을 잘 다루는 건강한 아이로 성장하게 됩니다. 자녀의 마음 근육을 키워주세요. 자연스럽게 자존감도 높아지고, 영육이 건강한 아이로 자라날 것입니다.

"모든 지킬 만한 것 중에 더욱 네 마음을 지키라 생명의 근원이 이에서 남이니라"(잠 4:23).

+

신실하신 예수님을
닮아 가는 자녀

+

년 월 일

말씀을 사모하고 묵상하는 자녀

"이 율법책을 네 입에서 떠나지 말게 하며
주야로 그것을 묵상하여 그 안에 기록된 대로 다 지켜 행하라
그리하면 네 길이 평탄하게 될 것이며 네가 형통하리라"(수 1:8).

하나님, 사랑하는 _____가
하나님의 감동으로 기록된 성경을
가까이하며 사랑하기를 원합니다.
말씀을 읽을 때마다 하나님을 알아 가게 해 주시고
진리로 자유하게 하옵소서.

부모인 제가 먼저 말씀을 읽는 모습을
보이지 못한 것을 용서해 주옵소서.
말씀을 함께 나누며 묵상하는 가정예배가
더욱 견고해지도록 도와주옵소서.
사랑하는 _____가 세상이 주는
일시적인 기쁨을 따르지 않고,

달고 오묘한 하나님의 말씀을 사랑하며,
말씀에 순종하는 삶을 살기 원합니다.

하나님의 말씀이 등불이 되어
사랑하는 _____의 앞길을 인도해 주옵소서.
우리가 이 세상을 사는 동안 말씀을 통해
위로받고 힘을 얻으며 기쁨으로 살게 하옵소서.
말씀을 읽을 때 성령님이
그 의미를 깨닫게 하여 주옵소서.

생명의 말씀이신 예수님의 이름으로 기도합니다.
아멘.

오늘의 한 줄 기도

하루를 기도로 시작하는 자녀

"아침에 나로 하여금 주의 인자한 말씀을 듣게 하옵소서
내가 주를 의뢰함이니이다
내가 다닐 길을 알게 하옵소서
내가 내 영혼을 주께 드림이니이다"(시 143:8).

하나님, 사랑하는 _____가
아침에 눈을 뜰 때마다 새날을 허락하신 주님께
감사하는 자녀가 되기를 원합니다.
그리하여 하나님이 베푸실 놀라운 은혜를
소망하는 자녀가 되게 하옵소서.

_____가 어제의 감정과 두려움은 뒤로하고
새 마음을 품길 원합니다.
주의 인자하심을 찬양하며
피난처요 요새이신 주의 날개 그늘 아래에
거하는 삶이 되게 하옵소서.

사랑하는 _____가 세상을 향해 나갈 때
주님의 시선으로 해석하고 반응하며,
아름다운 하나님의 일하심을
순간마다 발견하기 원합니다.
그리하여 주님과 동행하는 하루를 잘 마무리하고
따뜻한 가정의 품으로 돌아와
안식과 회복을 누리는
기쁨의 자녀가 되도록 인도하옵소서.

날마다 새 일을 허락하시는
예수님의 이름으로 기도합니다.
아멘.

오늘의 한 줄 기도

년 월 일

하루를 감사로 마무리하는 자녀

"여호와는 네게 복을 주시고 너를 지키시기를 원하며
여호와는 그의 얼굴을 네게 비추사 은혜 베푸시기를 원하며
여호와는 그 얼굴을 네게로 향하여 드사
평강 주시기를 원하노라 할지니라"(민 6:24-26).

하나님, 사랑하는 _____가
잠자리에 들 때마다 하루를 허락하신 주님께
감사하는 자녀가 되기를 원합니다.
"에벤에셀" 지금까지, 이곳까지 지키시고 보호하시며
발걸음을 인도해 주신 주님을 기억하게 하옵소서.

_____가 오늘 하루
실수하며 부족했던 모든 모습을
십자가의 사랑으로 용서해 주시고 위로해 주시며
감싸 안아 주옵소서.
지난 과거와 아픔에 얽매여 힘들어하기보다는
주님 안에서 새로운 소망을 품게 하옵소서.

사랑하는 _____의 마음속에
하늘의 놀라운 꿈과 비전을 심어 주옵소서.
그리하여 세상에서 오직 하나님의 영광을 나타내며
많은 사람에게 생명을 전하는 삶이 되게 하옵소서.
매일매일 예수님을 닮아 가게 해 주시고
하나님만을 예배하며 섬기는 삶이 되게 하옵소서.

어제도, 오늘도, 내일도
사랑하는 _____와 함께하시는
선한 목자이신 예수님의 이름으로 기도합니다.
아멘.

오늘의 한 줄 기도

기도의 능력을 체험하는 자녀

"너희가 내 안에 거하고 내 말이 너희 안에 거하면
무엇이든지 원하는 대로 구하라
그리하면 이루리라"(요 15:7).

하나님, 사랑하는 _____가
하나님을 아버지라고 부르며
기도할 수 있는 특권을 허락해 주신 하나님께
감사하게 하옵소서.

_____가 어떠한 형편에서도 기도하며
하나님을 의지하길 원합니다.
다니엘과 같은 기도의 사람이 되어
주님의 마음을 깨닫고
그 뜻에 순종하며 살게 하옵소서.
세상이 알 수 없고, 줄 수도 없는 평강으로
사랑하는 _____의 마음을 지켜 주옵소서.

_____에게 깊은 영성을 주셔서
하나님의 마음을 깨닫게 하옵소서.
말할 수 없는 탄식으로 간구하시는
성령님을 의지하게 하옵소서.
기도의 능력을 체험하고,
가장 선한 방법으로 응답받는
기쁨을 누리며 살게 하옵소서.

기도로 승리하게 하시는
예수님의 이름으로 기도합니다.
아멘.

오늘의 한 줄 기도

19일　　　　　　　　　　　년　월　일

항상 기뻐하며 감사하는 자녀

"항상 기뻐하라 쉬지 말고 기도하라 범사에 감사하라
이것이 그리스도 예수 안에서
너희를 향하신 하나님의 뜻이니라"(살전 5:16-18).

하나님, 원망과 불평이 많았던 저를 용서해 주시고
부모 된 자로서 먼저 기쁨과 감사로 살게 하옵소서.
우울함과 분노를 주는 악한 영이 틈타지 못하도록
가정과 자녀들을 지켜 주옵소서.
샬롬의 평강을 풍성하게 내려 주시기를 원합니다.

사랑하는 _____가 예수님과 동행하며
항상 기뻐하고
쉬지 않고 기도하게 하옵소서.
좌절의 순간에도 자신을 정금같이 빚어 가시는
주님으로 인해 감사하게 하옵소서.

_____가 하나님을 섬기는 기쁨과
은혜의 풍성함을 나누는 희락을
누리게 하여 주시기를 원합니다.
받은 은혜를 당연히 여기지 않고
진실함으로 감사를 표현하는
하나님의 자녀가 되게 하옵소서.

기쁨의 근원이신 예수님의 이름으로 기도합니다.
아멘.

오늘의 한 줄 기도

참된 예배자의 삶을 사는 자녀

"그러므로 형제들아
내가 하나님의 모든 자비하심으로 너희를 권하노니
너희 몸을 하나님이 기뻐하시는 거룩한 산 제물로 드리라
이는 너희가 드릴 영적 예배니라"(롬 12:1).

하나님, 사랑하는 _____가
예배를 통해 새롭게 하시는
하나님을 경험하길 원합니다.
평생 하나님을 섬기는 예배자로 살며
다윗과 같이 하나님의 마음에 맞는
예배자가 되게 하옵소서.

_____가 예배를 사모하며
영과 진리로 예배하길 원합니다.
예배 때마다
하나님과 영적으로 친밀한 교통이
이루어지게 하옵소서.

예배를 통해 영혼과 육체가 강건해지고
삶의 지혜가 부요해지게 하옵소서.

사랑하는 _____가 하나님의 선하시고
기뻐하시고 온전하신 뜻을 분별하게 하옵소서.
하나님의 장막에 머무르며 하나님의 성산에서
교제하는 자가 되게 하옵소서.
가식이나 위선이 아닌,
자신의 있는 모습 그대로
하나님 앞에서 정직하게 하옵소서.

예배의 이유이신 예수님의 이름으로 기도합니다.
아멘.

오늘의 한 줄 기도

복음의 소식을 전하는 자녀

"주께서 이같이 우리에게 명하시되
내가 너를 이방의 빛으로 삼아
너로 땅끝까지 구원하게 하리라 하셨느니라 하니"(행 13:47).

하나님, 사랑하는 _____가
영혼 구원을 기뻐하시는 하나님의 마음을 알기 원합니다.
어둠과 절망의 상황 속에서 생명의 빛을 주신
하나님을 찬양하게 하옵소서.
복음의 기쁨을 주신 하나님께
감사하는 입술이 되게 하옵소서.

_____가 세상이 줄 수 없는
기쁨과 평안을 맛보게 하옵소서.
무엇보다 먼저 복음의 확신 가운데 살게 해 주시고
복음의 증인이 되게 하옵소서.
때를 얻든지 못 얻든지 구원의 복된 소식을
담대하게 전하게 하옵소서.

사랑하는 _____가
세상 끝 날까지 항상 함께하겠다는
하나님의 약속을 의지하길 원합니다.
복음만이 진정한 자유를 준다는 진리를
깨닫게 하옵소서.
씨를 뿌리고 물을 주는 수고를 감당하게 해 주셔서
많은 영혼이 사랑하는 _____를 통해
하나님께로 돌아오게 하옵소서.

생명의 빛이신 예수님의 이름으로 기도합니다.
아멘.

오늘의 한 줄 기도

믿음의 자녀로 키워요 3

복음에 기초한 자녀 양육

대부분의 부모는 자신의 자녀를 향한 큰 계획을 가지고 있습니다. 몇 살에 무엇을 배우게 하고, 어떤 성취를 이루게 하며, 누구를 만나게 할지에 대한 '전략'을 세우고 있습니다. 때로는 경제적으로 어려운 것을 알면서도 남들보다 뒤쳐지지 않게 자녀의 미래에 무리하게 투자를 하기도 합니다. 그러나 우리는 스스로에게 가장 중요한 질문을 던져야 합니다. "나는 복음에 기초한 자녀 양육을 실천하고 있는가?"라는 질문입니다. 그렇다면 무엇이 복음에 기초한 자녀 양육일까요?

1. 자녀는 나의 소유물이 아님을 고백해야 합니다.

자녀를 양육하면서 큰 오류와 함정에 빠지는 이유의 대부분은 자녀가 내 소유물이라고 착각하는 데 있습니다. 입술로는 자녀의 주인이 하나님이라고 고백하지만, 우리의 내면 깊은 곳에는 다른 마음이 있습니다. '자녀는 내 소유야! 내가 낳았어! 내 방식대로 키우는데 누가 뭐래!' 이런 마음은 작은 일에도 부모의 욕심을 투영하게 하고, 결국 부모의 양육 철학으로 굳어집니다. 왜 하나님이 아브라함에게 그토록 귀한 이삭을 바치라고 말씀하셨을까요? 이삭을 선물로 주신 분이 누구인지를 정확하게 알려 주시기 위함이었습니다. 이삭이 아브라함에게 속하지 않음을 알려 주신 것입니다.

"보라 자식들은 여호와의 기업이요"(시 127:3상).

하나님은 자녀가 부모의 소유가 아니라, 하나님의 소유라고 말씀하십니다. 그렇기에 자녀 양육의 근본적인 출발은 '나의 자녀가 하나님의 소유임을 고백하는 것'입니다. 여러분은 마음속 깊은 곳에서 나의 자녀가 하나님의 소유임을 고백하실 수 있습니까?

2. 부모의 신분은 대사(ambassador)입니다.

대사는 자신을 대사로 임명한 사람의 메시지를 온전히 전달하는 사람입니다. 하나님은 우리 자녀를 우리에게 선물로 주실 때 하나님의 의도와 뜻을 담아 맡기셨습니다. 우리 자녀는 우리의 꿈을 이루는 존재가 아닙니다. 부모의 위상을 높이는 수단도 아닙니다.

자녀의 주인이 부모일 때 나타나는 증상이 있습니다. 자녀의 성적에 따라, 자녀의 성취에 따라 부모의 자존감이 형성되는 것입니다. 그래서 자녀의 있는 모습 그대로가 아니라, 자녀가 이루는 어떠함이 더 크게 보이기 시작합니다. 이렇게 성장한 자녀는 결국 부모를 만족시키기 위한 삶을 살아갑니다.

그러나 대사의 목적은 '무엇을 성취했느냐'에 달려 있지 않습니다. '하나님의 마음을 전하는 것'이 대사의 가장 큰 역할입니다. 주인은 무거운 짐을 계속 지고 있지만, 대사는 맡겨 드립니다. 주인은 책임감에 늘 불안해하지만, 대사는 마음의 평안을 누립니다. 하나님이 부모에게 자녀를 맡기신 이유는 바로 하나님의 마음, 복음이 우리 자녀에게 전해지도록 하시기 위함입니다.

〈참고 문헌〉
폴 트립, 김윤희 역, 『완벽한 부모는 없다』(생명의말씀사, 2017).

하나님과 이웃에게
사랑받는 자녀

하나님과 이웃을 사랑하는 자녀

"또 마음을 다하고 지혜를 다하고 힘을 다하여
하나님을 사랑하는 것과 또 이웃을 자기 자신과 같이 사랑하는 것이
전체로 드리는 모든 번제물과 기타 제물보다 나으니이다"(막 12:33).

하나님, 사랑하는 _____가
창조된 세상 속에 가득한 하나님의 사랑을
찬양하고 경배하게 하옵소서.
우리에게 주신 모든 것이 하나님의 선물임을
고백하게 하옵소서.

사랑하는 _____가
인생의 주인이 하나님이심을 깨닫기 원합니다.
예수님을 향한 사랑이 삶으로 나타나
영육 간에 풍요로운 인생을 누리게 하옵소서.
절망 가운데 처할지라도
예수님의 사랑을 알고 낙망하지 않게 하옵소서.

_____가 친구와 이웃을
경쟁상대로 생각하지 않게 하옵소서.
자기중심적인 이기심을 버리고
모든 이웃에게 사랑을 베푸는 사람이 되길 원합니다.
이웃 사랑이 예수님처럼 영혼을 사랑하는
소망에까지 자라게 하옵소서.

사랑이신 예수님의 이름으로 기도합니다.
아멘.

오늘의 한 줄 기도

세계를 품고 기도하는 자녀

"하나님이 그 아들을 세상에 보내신 것은
세상을 심판하려 하심이 아니요
그로 말미암아 세상이 구원을 받게 하려 하심이라"(요 3:17).

하나님, 사랑하는 _____가
자비와 긍휼이 많으신 하나님을 느끼게 하옵소서.
오늘도 하루를 살아갈 수 있도록
영육의 강건함을 주시고,
좋은 것으로 우리의 필요를 채우시는
하나님을 의지하게 하옵소서.

_____가 하나님을 알지 못하고
죽어 가는 많은 영혼을 향해
긍휼한 마음을 품길 원합니다.
눈을 들어 세계를 바라보게 해 주시고
열방을 향한 하나님의 마음을 깨닫게 하옵소서.

세계를 향한 비전을 가지고 미래를 준비할 수 있도록
지혜와 믿음을 주옵소서.

사랑하는 _____에게
탁월한 언어의 능력을 주시고
균형 잡힌 지·정·의를 주옵소서.
새로운 가능성을 향해 나아갈 수 있는
용기와 자신감을 갖게 해 주시고
세상에서 빛과 소금의 역할을 잘 감당하여
주님의 기쁨이 되게 하옵소서.

세상 끝 날까지 지켜 주시는
예수님의 이름으로 기도합니다.
아멘.

오늘의 한 줄 기도

24일

년 월 일

믿음의 친구를 만나는 자녀

"사람이 친구를 위하여 자기 목숨을 버리면
이보다 더 큰 사랑이 없나니
너희는 내가 명하는 대로 행하면 곧 나의 친구라"(요 15:13-14).

하나님, 사랑하는 _____가
만남을 통해 역사하시는
하나님을 경험하기 원합니다.
하나님의 사랑과 진리로
_____의 삶을 이끌어 주시고
여러 사람과의 만남을 통해
성품과 인격이 다듬어지고 성장하게 하옵소서.

_____가 본받을 수 있는
영적 스승을 만나게 해 주셔서
그 영적 스승을 통해
영혼의 양식을 공급받고
지혜와 인격의 균형을 이루게 하옵소서.

사랑하는 _____가 마음을 나눌 수 있는
믿음의 친구를 만나길 원합니다.
좋은 친구를 알아보는 안목을 주시고
친구와 함께 성장하며 비전을 나누게 하옵소서.
다니엘과 세 친구처럼 함께 웃고 함께 울며
하나님 나라를 바라보는 우정을 쌓게 해 주시고,
다른 사람의 인생을 빛나게 해 주는
좋은 친구가 되게 하옵소서.

진정한 친구이신 예수님의 이름으로 기도합니다.
아멘.

오늘의 한 줄 기도

어른을 공경하고 예의를 갖춘 자녀

"젊은 자들아 이와 같이 장로들에게 순종하고
다 서로 겸손으로 허리를 동이라
하나님은 교만한 자를 대적하시되
겸손한 자들에게는 은혜를 주시느니라"(벧전 5:5).

하나님, 사랑하는 _____의 삶을
주장해 주시고 다스려 주시기를 원합니다.
특별히 하나님의 창조 질서를 따라
"부모님을 공경하라"는 약속 있는 첫 계명(엡 6:2)에
순종하게 하옵소서.
또한, 부모인 제가 먼저 효도와 선행을 실천함으로
자녀에게 본을 보이게 하옵소서.

사랑하는 _____가 부모의 말에 순종하고
예의 바르게 말하고 행동하기를 원합니다.
그 말과 행동을 통해 존귀하신 하나님을 드러내는
복된 삶이 되게 하옵소서.

어른들의 교훈에 귀를 기울임으로
삶의 지혜를 배우는 자녀가 되게 하옵소서.

_____가 우선순위를 바로 세워서
질서와 균형 잡힌 삶을 살기 원합니다.
사람들과 관계 속에서 서로의 다름을 인정하고
상대방의 장점을 발견하며 살게 하옵소서.
언어를 지혜롭게 사용함으로
주변을 즐겁고 화목하게 만드는 _____가 되게 하옵소서.

우리 가정을 의와 평강의 길로 인도하시는
예수님의 이름으로 기도합니다. 아멘.

오늘의 한 줄 기도

26일 년   월   일

가족의 사랑 속에서 성장하는 자녀

"내 아들아 네 아비의 훈계를 들으며 네 어미의 법을 떠나지 말라"(잠 1:8).
"형제를 사랑하여 서로 우애하고 존경하기를 서로 먼저 하며"(롬 12:10).

하나님, 사랑하는 _____가
자신을 거룩한 백성으로 불러 주신
하나님을 찬양하길 원합니다.
때를 따라 돕는 은혜를 베푸시는 하나님을 신뢰하고
늘 감사하며 살게 하옵소서.
서로 아끼고 사랑하는 가족 공동체를 통해
선하고 좋은 영향을 받게 하옵소서.

부모, 자녀의 관계가
사랑과 은혜의 관계가 되기를 원합니다.
_____가 부모의 좋은 모습을 기억하고 본받게 하옵소서.
부모를 신뢰하고 존경하는 마음을 갖게 해 주셔서
순종의 아름다운 열매를 맺게 하옵소서.

사랑하는 _____가
마땅히 배워야 할 것을 배우게 하옵소서.
하나님의 가르침에서 떠나지 않으며
신실하신 하나님을 붙잡게 하옵소서.
형제간에 시기와 이기심을 버리고
서로 사랑하며 힘이 되는 관계가 되게 하옵소서.

한없는 사랑을 보여 주신
예수님의 이름으로 기도합니다.
아멘.

오늘의 한 줄 기도

27일

새로운 피조물로서 영향력을 끼치는 자녀

"그런즉 누구든지 그리스도 안에 있으면
새로운 피조물이라 이전 것은 지나갔으니
보라 새것이 되었도다"(고후 5:17).

하나님, 사랑하는 _____가
언제나 함께하시는 임마누엘 하나님을
고백하기 원합니다.
우리를 구원하신 예수님의 사랑 안에 거하게 해 주시고
새롭게 하시는 하나님의 은혜에 감사하며 살게 하옵소서.
하나님이 기뻐하시는 삶을 살면서
선한 영향력을 끼치게 하옵소서.

사랑하는 _____의 마음속에 있는
상처와 어두운 기억들이 사라지게 하옵소서.
영적으로 얽매이는 것에서 벗어나
참 기쁨과 자유를 누리게 되기를 원합니다.

하나님 안에서 새로운 피조물이 되었음을
확신하며 살게 하옵소서.

_____가 이전에 가지고 있던 부정적인 생각과
나태한 습관들을 버리게 하옵소서.
내면에 있는 고통과 부담감이 사라지게 하옵소서.
말할 수 없는 탄식으로
_____를 위해 친히 간구하시는
성령님을 믿고 의지하게 하옵소서.

새로운 소망을 베풀어 주신
예수님의 이름으로 기도합니다.
아멘.

오늘의 한 줄 기도

축복의 통로로 쓰임 받는 자녀

"네 자손을 하늘의 별과 같이 번성하게 하며
이 모든 땅을 네 자손에게 주리니
네 자손으로 말미암아 천하 만민이 복을 받으리라"(창 26:4).

하나님, 사랑하는 _____가
모든 복의 근원이신 하나님을 찬양하게 하옵소서.
아버지이신 하나님이 어떤 상황에서도
_____를 보호해 주시고 필요를 채워 주옵소서.
우리 가정이 믿음의 조상 아브라함이 받았던
그 복을 받기를 원합니다.

_____에게 영혼이 잘되고
범사에 강건한 복을 주옵소서.
하나님의 말씀을 주야로 묵상하며
하나님의 기쁘신 뜻대로 살게 하옵소서.
예수님 한 분만으로 만족하고
천국을 소망하며 살게 하옵소서.

사랑하는 _____가 많은 사람을
옳은 길로 인도하는
복음 전파의 통로가 되기를 원합니다.
예수님께 받은 은혜가 만나는 사람들에게
자연스럽게 흘러가게 하옵소서.
상처 입은 자에게 치유와 회복을 주는
위로의 통로, 소망의 통로가 되게 하옵소서.

영생의 길을 열어 주신
예수님의 이름으로 기도합니다.
아멘.

오늘의 한 줄 기도

믿음의 자녀로 키워요 4

연령별 양육의 키워드: 4C of Parenting

자녀가 성장함에 따라 부모는 자녀의 양육 방식에 혼란을 느낄 때가 많습니다. 그래서 자녀 양육에 관련된 도서나 강의를 통해 부족함을 채우고자 합니다. 그러나 여전히 실수하고 후회합니다. 왜 이런 일이 반복될까요? 우리 안에 중요한 질문이 빠져 있기 때문입니다. "나의 양육 방법이 하나님의 방법인가?"라는 질문입니다. 어느덧 자녀에게 나의 생각과 세상의 가치를 전하고 있지는 않은지 점검해야 합니다. 미국 D6(신명기 6장)Family의 디렉터인 론 헌터(Ron Hunter) 목사는 자녀 양육의 원리를 4가지 C의 원리로 설명합니다.

1. 돌봄이(Care Giver) : 0-2세 자녀
이 시기에는 부모가 자녀에게 모든 것을 제공해야 합니다. 자녀 또한 부모의 절대적인 도움을 받아야 합니다. 자녀가 부모 안에서 '평안함'과 '안정감'을 느낄 때 성장하는 시기입니다.

2. 훈계자(Cop) : 2-11세 자녀
사춘기가 오기 전까지 부모의 역할은 '훈육'이라는 큰 키워드를 가집니다. 훈육은 잘못된 것을 알려 주는 역할과 함께 자존감을 키워 주는 것을 포함합니다. 이 말씀을 기억하시기 바랍니다.

> "또 아비들아 너희 자녀를 노엽게 하지 말고 오직 주의 교훈과 훈계로 양육하라"(엡 6:4).

훈육은 부모의 감정 노출이 아니라 '오직 주 안에서'의 양육입니다. 골로새서 3장 21절에는 "아비들아 너희 자녀를 노엽게 하지 말지니 낙심할까 함이라"라고 기록되어 있습니다. 부모가 잘못 만든 자녀의 화는 낙심을 일으킵니다. 자존감을 떨어뜨립니다. 그래서 우리 자녀에게는 부모의 건강한 훈육과 성경적인 양육이 필요합니다.

3. 코치(Coach) : 12-18세 자녀

사춘기에 접어든 자녀는 자신의 신앙과 삶에 대한 고민을 시작합니다. 이때 부모가 자녀의 코치가 되겠다는 것은 자녀의 말을 듣는 부모가 되겠다고 결단하는 것입니다. 하나님이 자녀에게 주신 가능성을 발견하고 이끌어 주는 것이 부모의 역할입니다.

이 시기의 자녀는 자신의 이상적인 모습과 실제 자신의 모습이 너무나 다르다는 것을 발견하고 자아정체성이 흔들립니다. 학업 성적으로, 타인의 평가로 자신을 규정하지 않도록 하나님의 마음을 전해 주세요. "너는 존귀한 하나님의 자녀란다"라는 축복의 메시지를 많이 전해 주세요. 자녀가 하나님의 비전을 스스로 발견할 수 있도록 좋은 질문을 던져 주는 것이 중요합니다.

4. 컨설턴트(Consultant) : 18세 이후

자녀를 독립된 존재로 여기는 시기이며, 이 시기의 부모는 자녀의 문제 해결을 위한 조언자의 역할을 합니다.

지금 나의 자녀 양육 방법은 하나님이 가르쳐 주신 방법입니까, 나의 방법입니까?

지혜가 자라고
미래가 자라는 자녀

년 월 일

좋은 인격과 성품을 가진 자녀

"이로써 그 보배롭고 지극히 큰 약속을 우리에게 주사
이 약속으로 말미암아 너희가 정욕 때문에 세상에서 썩어질 것을 피하여
신성한 성품에 참여하는 자가 되게 하려 하셨느니라"(벧후 1:4).

하나님, 독생자 예수님을 보내 주셔서
우리를 구원해 주심에
감사와 찬양과 영광을 올려 드립니다.
사랑하는 _____가
하나님의 거룩하고 존귀한 성품에
참여하는 자가 되게 하옵소서.

_____가 교만한 마음을 내려놓고
하나님을 바라보는 겸손한 성품을 갖게 하옵소서.
하나님을 신뢰함으로 지혜와 능력을 얻게 하옵소서.
예수님의 마음으로
아프고 외로운 사람들을 긍휼히 여기며
베푸는 삶을 살게 하옵소서.

사랑하는 _____가 예수님을 닮아 가며
온전한 인격을 이루게 하옵소서.
매사에 신실함으로
맡겨진 일들을 충성되게 감당하도록 도와주옵소서.
거짓보다는 정직을 선택하여
하나님의 칭찬과 사람들의 인정을 받게 하옵소서.
두려움 가운데서도 하나님의 강한 손을 붙잡고
용기를 내는 _____가 되게 하옵소서.

온유하시고 겸손하신
예수님의 이름으로 기도합니다.
아멘.

오늘의 한 줄 기도

30일

년 월 일

지혜로운 말과 행동을 하는 자녀

"대저 여호와는 지혜를 주시며
지식과 명철을 그 입에서 내심이며
그는 정직한 자를 위하여 완전한 지혜를 예비하시며
행실이 온전한 자에게 방패가 되시나니"(잠 2:6–7).

하나님, 사랑하는 _____가
지혜로 세상을 창조하신 하나님을
경외하게 하옵소서.
오직 하나님만이 참 진리이시고
참 지혜이심을 믿길 원합니다.

_____에게 솔로몬에게 주셨던 지혜를 주셔서
옳고 그름을 잘 분별하게 하옵소서.
하나님을 경외하는 것이
지식과 지혜의 근본임을 깨닫게 하옵소서.
공부할 때 지식을 잘 습득하게 해 주셔서
학업에 즐거움과 진보가 있게 하옵소서.

사랑하는 _____의 입술에서
불평과 거짓말, 비난의 말들이 사라지기를 원합니다.
사랑의 말, 믿음의 말, 친절한 말, 정직한 말로
듣는 자들에게 선한 영향력을 끼치게 하옵소서.
중요한 결정을 할 때마다 먼저 기도하며
신중하게 결정하게 하옵소서.
믿음의 말과 생각이 행함으로 결실을 맺게 해 주시고
언제나 말과 행동이 일치하게 하옵소서.

길이요 진리요 생명이신
예수님의 이름으로 기도합니다.
아멘.

오늘의 한 줄 기도

31일

거룩함과 성결함을 추구하는 자녀

"나는 너희의 하나님이 되려고
너희를 애굽 땅에서 인도하여 낸 여호와라
내가 거룩하니 너희도 거룩할지어다"(레 11:45).

하나님, 사랑하는 _____가
거룩하고 존귀하신 하나님을
나의 아버지로 고백하게 하옵소서.
세상 사람들과는 구별되는
거룩하고 순결한 삶을 살기 원합니다.

_____를 어둠의 영으로부터 지켜 주시고
영적으로 깨어서 올바른 분별을 하게 하옵소서.
잘못된 가치관과 악한 생각들을 대적하게 해 주시고
말씀 앞에 바로 서게 하옵소서.
참 빛이신 예수님을 평생 사랑하며 전하는
하나님의 자녀가 되게 하옵소서.

사랑하는 _____가 자신이 하나님께
선택받은 존재임을 알고
하나님의 형상을 닮아 가길 원합니다.
예배를 소중히 여기며 진정한 예배를 드림으로써
예배자의 기쁨을 누리게 해 주시고,
위험에서 건지시며 갈 길을 세심하게 인도하시는
하나님을 신뢰하며 살게 하옵소서.

참 포도나무이신
예수님의 이름으로 기도합니다.
아멘.

오늘의 한 줄 기도

32일

년 월 일

배움의 열정으로 나날이 성장하는 자녀

"지혜 있는 자는 듣고 학식이 더할 것이요 명철한 자는 지략을 얻을 것이라"(잠 1:5).
"내가 말하는 것을 생각해 보라 주께서 범사에 네게 총명을 주시리라"(딤후 2:7).

하나님, 사랑하는 _____가
지혜의 근원이신 하나님을 고백하길 원합니다.
때를 따라 배움의 기회를 허락해 주시고
명철과 총명을 더하여 주옵소서.
세상의 지식보다 하나님의 지혜가 더 귀한 것임을
깨닫게 하옵소서.

_____가 말씀을 들으며
예수님으로 충만하게 되기를 원합니다.
하나님의 말씀을 소중하게 여기고
말씀에 순종하게 하옵소서.
말씀을 주야로 묵상함으로
하나님의 마음을 알아 가게 하옵소서.
하나님만을 온전히 사랑하며 섬기게 하옵소서.

하나님, 사랑하는 _____가
나태하거나 게으르지 않고 작은 일에도 최선을 다함으로
나날이 성장하기를 원합니다.
하늘의 크고 은밀한 일을 보이심으로
하나님의 뜻을 믿고 따르게 하옵소서.
하나님이 주시는 지혜와 총명을
이웃을 섬기는 곳에 사용하게 하옵소서.

변함없이 우리를 사랑해 주시는
예수님의 이름으로 기도합니다.
아멘.

오늘의 한 줄 기도

33일

년   월   일

주 안에서 비전을 바라보는 자녀

"롯이 아브람을 떠난 후에 여호와께서 아브람에게 이르시되
너는 눈을 들어 너 있는 곳에서 북쪽과 남쪽 그리고 동쪽과 서쪽을 바라보라
보이는 땅을 내가 너와 네 자손에게 주리니 영원히 이르리라"(창 13:14-15).

하나님, 사랑하는 _____가
자신을 인도하시는 하나님의 놀라운 섭리에
감사하기 원합니다.
인생의 비전을 주시고
그 비전을 이루시는 하나님을 보게 하옵소서.
하나님 나라의 귀한 일꾼으로 세워 주옵소서.

_____의 인생 목표가
세상적인 성공이 되지 않길 원합니다.
자신만을 위한 꿈이 아닌
하나님이 주신 사명을 이루기 위한
비전을 갖게 해 주시고,
사명을 이루기 위한 건강과 능력과 지혜를 주옵소서.

하나님이 주신 달란트를 발견하고
하나님의 영광을 나타내는 일에 쓰임 받게 하옵소서.

하나님, 사랑하는 _____와 함께해 주셔서
어디를 가든지 형통하게 하옵소서.
비전을 바라보며 살아갈 때
힘든 일을 만나도 낙심하지 않게 해 주시고,
무슨 일을 하든 하나님께 하듯
정성과 마음을 다하게 하옵소서.

우리의 꿈과 비전이신
예수님의 이름으로 기도합니다.
아멘.

오늘의 한 줄 기도

형통한 장래를 위해 기도하는 자녀

"나의 지역을 넓히시고 주의 손으로 나를 도우사
나로 환난을 벗어나 내게 근심이 없게 하옵소서 하였더니
하나님이 그가 구하는 것을 허락하셨더라"(대상 4:10하).

하나님, 사랑하는 _____가
인생의 연약함을 모두 아시고 친히 다스리시는
하나님을 알기 원합니다.
하루하루 은혜로 채워 주시고 돌보아 주옵소서.
매일 주시는 참된 기쁨으로 충만하게 하옵소서.

_____가 주님의 인도하심을 따르는 것이
참된 형통임을 알게 되기를 원합니다.
세상 사람들이 말하는 형통을 구하거나
그 형통에 집착하지 않게 하옵소서.
이해할 수 없는 일을 당할지라도
하나님의 크고 놀라운 섭리를 의지하게 하옵소서.

사랑하는 _____의 지경을 넓혀 주시고
영적인 눈과 귀를 열어 주옵소서.
하나님의 강한 오른손으로 붙잡아 주시고
염려와 근심이 없게 하옵시며,
요셉과 함께하시며 그의 삶을 형통케 하신 것처럼
 _____와 함께해 주옵소서.

참 기쁨이신 예수님의 이름으로 기도합니다.
아멘.

오늘의 한 줄 기도

행복한 결혼 생활을 준비하는 자녀

"아담이 이르되 이는 내 뼈 중의 뼈요 살 중의 살이라
이것을 남자에게서 취하였은즉 여자라 부르리라 하니라"(창 2:23).

하나님, 사랑하는 _____가
처음과 마지막이신 하나님을 의지하고
인생의 모든 순간을 하나님께 맡기길 원합니다.
많은 것을 포기하게 만드는 이 세상 속에서도
하나님의 뜻을 먼저 생각하며
말씀에 순종하게 하옵소서.

_____가 성경적인 결혼관을 갖게 해 주시고
세상의 기준에 흔들리지 않게 하옵소서.
이기적인 생각을 버리고
예수님의 뜻을 선택하는
분별력과 결단력을 주옵소서.

사랑하는 _____에게
가장 잘 어울리는 배우자를 예비해 주시길 원합니다.
잘못된 만남을 갖지 않고
서로 사랑하며 신뢰하는 만남을 갖게 하옵소서.
하나님의 자녀로서 거룩하고 순결하게 살 수 있도록
성령님이 인도하여 주시고
때에 맞는 복과 풍성한 은혜를 누리는
가정을 이루게 하옵소서.

_____의 장래에 복을 주시는
예수님의 이름으로 기도합니다.
아멘.

오늘의 한 줄 기도

믿음의 자녀로 키워요 5

자녀와 대화 시작하기

한 주간 자녀들과 얼마나 많은 대화를 나누셨나요? "청소년 위기실태 조사"(2014년)에 따르면, 하루에 부모와 자녀의 대화 시간이 10분도 되지 않는 가정이 33%나 된다고 합니다. 한 청소년 전문가는 청소년에게 일어나는 문제의 80%는 대화로 해결할 수 있다고 말했습니다. 그 정도로 이 시기의 대화는 매우 중요합니다. 청소년기의 자녀들은 대화를 통해 자아정체성을 키우며 자신이 존중받고 있다고 느끼게 됩니다.

> "네 자녀에게 부지런히 가르치며 집에 앉았을 때에든지 길을 갈 때에든지 누워 있을 때에든지 일어날 때에든지 이 말씀을 강론할 것이며"(신 6:7).

많은 영어 성경은 '강론하다'라는 말을 'talk'라는 단어로 표현합니다. 즉, 하나님은 부모에게 언제나 어디서나 자녀와 함께 대화를 하라고 명령하신 것입니다. 그렇다면 부모는 어떻게 청소년기 자녀와 대화를 시작할 수 있을까요?

1. 식사 시간

식사 시간은 자녀와 대화를 나누기 위한 가장 좋은 시간입니다. 일주일에 한 번 이상 자녀와 함께 식사하는 시간을 만들어 보세요. 여러분이 먼저 핸드폰을 내려놓고, 가벼운 주제부터 대화를 시작해 보세요. 요즘 가장 좋아하는 음식, 가수, 캐릭터, 구독하는 유튜브(Youtube) 채널 등을 예로 들 수 있습니다.

2. 차 안에서

자녀와 함께 차에 타면 자녀는 자연스럽게 이어폰을 꺼낼 것입니다. 혼자 음악을 듣기보다 같이 음악을 듣는 것을 제안해 보면 어떨까요? 자녀가 듣는 음악에 관심을 가져 보세요. 그리고 그 가수에 대한 이야기를 이어가 보세요. 어느 날 깜짝 선물로 그 가수의 공연 티켓을 구해 준다면, 그 공연에 함께 간다면 금상첨화겠지요?

3. 잠자기 전

대부분의 부모는 청소년기의 자녀와 잠자기 전에 이야기를 나누는 것이 불가능하다고 여깁니다. 학교와 학원 수업을 마치고 돌아온 자녀에게, 늦게까지 공부하는 자녀에게 어떤 이야기를 하면 좋을까요? 다른 말보다 수고했다고, 참 애쓰고 있다고 격려하며 자녀를 위해 기도해 주면 어떨까요? 처음에는 싫어할지도 모르지만, 어느새 이 시간을 기다리는 자녀를 발견하게 될 것입니다.

4. 자녀와 데이트

자녀와 데이트를 해 보세요. 형제자매가 있다면 차례대로 일대일 만남의 날짜를 정해 보세요. 자녀에게 하고 싶은 말을 하기보다 자녀의 말을 귀 기울여 듣는 시간이 되면 좋겠습니다. 적극적인 경청의 자세로 '나는 들을 준비가 되어 있다'는 메시지를 보내 주세요.

청소년기의 자녀는 자신의 이야기를 잘 들어 주는 사람을 '자신을 존중해 주는 존재'로 여깁니다. 부모가 하고 싶은 말을 줄이고 자녀의 이야기를 들어준다면, 자녀의 마음 문이 열릴 것입니다.

+

세상에서
승리하는 자녀

+

천국을 소망하며
사명감으로 사는 자녀

"내가 달려갈 길과 주 예수께 받은 사명
곧 하나님의 은혜의 복음을 증언하는 일을 마치려 함에는
나의 생명조차 조금도 귀한 것으로 여기지 아니하노라"(행 20:24).

하나님, 사랑하는 _____가
하나님을 삶의 주인으로 모시고
자신을 이 세상에 보내신 하나님의 뜻에
순종하며 살기 원합니다.
하나님의 복음을 증언하며 사는 _____가 되게 하옵소서.
하나님이 주신 소명을 온전히 이룰 수 있도록
능력과 영적 분별력, 지도력과 믿음을 주옵소서.

_____가 이 세상의 것을 따르거나
이 땅에 소망을 두지 않게 해 주시고,
천국을 바라보며 그곳에 소망을 두고 살아갈 때
즐거움으로 헌신하게 하옵소서.

무슨 일을 하든지 하나님의 나라와 의를 먼저 구하며
성경적 가치관으로 살게 하옵소서.

＿＿＿＿＿에게 거저 주신 물질과 재능을
하나님이 기뻐하시는 곳에 기꺼이 드리길 원합니다.
주님의 발자취를 본받아서
부르신 사명을 위해 충성하게 하옵소서.
주신 은사를 따라 교회를 온전하게 섬기며
지체들과 사랑으로 연합하게 하옵소서.

교회의 머리이신
예수님의 이름으로 기도합니다.
아멘.

오늘의 한 줄 기도

37일

년　월　일

치유와 회복을 경험하는 자녀

"내 이름을 경외하는 너희에게는
공의로운 해가 떠올라서 치료하는 광선을 비추리니
너희가 나가서 외양간에서 나온 송아지같이 뛰리라"(말 4:2).

오늘도 새로운 하루를 허락해 주신 하나님, 감사합니다.
사랑하는 ＿＿＿＿에게
하나님의 인자하심과 긍휼이 있기를 원합니다.
아침마다 새 생명과 새 힘을 주시고
수많은 질병과 위험 가운데서 지켜 주옵소서.

＿＿＿＿가 인생에서
모든 환난을 면케 하옵소서.
모든 대적을 물리치시고 악에서 건져 주시는
은혜의 주님을 경험하게 하옵소서.
육체적, 정신적 연약함으로 고난당할 때
먼저 예수님의 이름을 부르는 자녀가 되길 원합니다.

사랑하는 _____의 마음 깊은 곳에 있는
상처가 치유되게 하옵소서.
고치시고 싸매시는 하나님의 손길을
강하게 느끼고 체험하게 하옵소서.
그로 인해 참 기쁨과 평안을 누리기 원합니다.
_____에게 구원의 감사와 감격이
회복되게 하옵소서.

치유의 손길을 베푸시는
예수님의 이름으로 기도합니다.
아멘.

오늘의 한 줄 기도

두려움에서 벗어나
담대하게 일어서는 자녀

"두려워하지 말라 내가 너와 함께함이라
놀라지 말라 나는 네 하나님이 됨이라
내가 너를 굳세게 하리라 참으로 너를 도와주리라
참으로 나의 의로운 오른손으로 너를 붙들리라"(사 41:10).

하나님, 사랑하는 _____가
위대하고 강하신 하나님을 의지하며
전능하신 하나님의 그늘 아래에서 살기를 원합니다.
사랑의 눈으로 살펴 주시고
걸음마다 동행하시며
새 힘을 주시는 하나님을 기뻐하게 하옵소서.

_____가 작은 소리로 기도할 때도
들으시고 응답해 주옵소서.
모든 두려움에서 벗어나게 해 주시고
승리하게 하시는 주님을 바라보게 하옵소서.

사랑하는 _____의 삶 속에
승리하신 하나님을 향한 찬양이 흘러넘치기를 원합니다.
넘어질 때마다 크고 강한 하나님의 오른손으로
일으켜 세워 주옵소서.
두려움과 불안, 염려에 마음을 빼앗기지 않고
담대한 능력을 주시는 하나님을 바라보게 하옵소서.
하나님이 우리를 세상이 감당할 수 없는 존재로
세우셨다는 사실을 알게 하옵소서.

담대함을 주시는
예수님의 이름으로 기도합니다.
아멘.

오늘의 한 줄 기도

세상의 유혹에서 승리하는 자녀

"우리 주 예수 그리스도로 말미암아 우리에게 승리를 주시는 하나님께 감사하노니 그러므로 내 사랑하는 형제들아 견실하며 흔들리지 말고 항상 주의 일에 더욱 힘쓰는 자들이 되라 이는 너희 수고가 주 안에서 헛되지 않은 줄 앎이라"(고전 15:57-58).

하나님, 사랑하는 _____가
신실하신 하나님을 아버지로 고백하게 하옵소서.
우리의 피할 바위시요 방패시요
구원의 뿔이신 하나님을
찬양하는 자녀가 되길 원합니다.
작은 기도 소리에도 귀 기울이시는 하나님을
신뢰하게 하옵소서.

_____가 주님과 멀어지게 만드는 유혹에
넘어지지 않기 원합니다.
세상의 염려와 근심이 밀려올 때
능력이신 하나님의 얼굴을 구하게 하옵소서.

연단과 훈련을 통하여 생각의 폭과 깊이가 더해지는
성숙한 자녀가 되게 하옵소서.

사랑하는 _____가
하나님의 날개 아래에 거함으로 안전하길 원합니다.
_____가 주님의 강한 군사로서
승리하게 하시는 하나님을 경험하게 하옵소서.
우리의 산성이신 하나님이 지켜 주셔서
승리의 감격이 삶 가운데 찬송으로 올려지게 하옵소서.

참 승리이신 예수님의 이름으로 기도합니다.
아멘.

오늘의 한 줄 기도

40일   년   월   일

고난을 말씀으로 해석하는 자녀

"그러나 내가 가는 길을 그가 아시나니
그가 나를 단련하신 후에는
내가 순금같이 되어 나오리라"(욥 23:10).

하나님, 사랑하는 _____가
하나님의 변함없는 사랑을 신뢰하며
피할 길을 열어 주시는 하나님을 만나길 원합니다.
살아가면서 능히 감당할 수 있는 시험을 허락해 주시고
놀라운 섭리를 깨닫게 하옵소서.

사랑하는 _____가
희로애락의 인생길을 걸어가면서
형통할 때 찬송하고,
어려울 때 기도하며,
주님의 자녀로서 한결같이 살게 하옵소서.
예수님의 제자답게 세상을 바라보게 해 주시고
진리를 분별하는 눈을 허락해 주시기를 원합니다.

_____가 욕심에 이끌리지 않고
시험에 빠지지 않도록 동행하여 주옵소서.
시련이 왔을 때 불평과 원망보다는 겸손과 인내로
모든 상황을 잘 극복하길 원합니다.
고난이 하나님의 섭리 속에 있는 복된 과정임을 깨닫고
더욱 깊어진 신앙을 갖게 하옵소서.
아침마다 영혼을 새롭게 해 주시고
평안하고 형통한 삶으로 복을 주옵소서.

_____를 선한 길로 인도하시는
예수님의 이름으로 기도합니다.
아멘.

오늘의 한 줄 기도

41일

년 월 일

하나님의 뜻을 바르게 분별하는 자녀

"너희는 이 세대를 본받지 말고 오직 마음을 새롭게 함으로 변화를 받아 하나님의 선하시고 기뻐하시고 온전하신 뜻이 무엇인지 분별하도록 하라"(롬 12:2).

하나님, 사랑하는 _____의
마음과 생각을 지켜 주옵소서.
세상이 주는 달콤한 유혹에 사로잡히지 않게 해 주시고
마음과 생각 가운데 음란하고 악한 영이
틈타지 못하게 지켜 주시기를 원합니다.
이 힘한 세상에서 하나님 한 분만
온전하게 붙잡을 수 있는 믿음을 주옵소서.

_____가 세상을 따르지 않고
순결하고 정직한 마음으로
오히려 세상을 변화시키게 하옵소서.
말씀과 기도로 분별력을 갖게 해 주시고
믿음으로 승리하게 하옵소서.

사랑하는 _____의 모든 염려와 근심이
사라지기를 원합니다.
하나님과 동행하는 기쁨을 누리며
평생 하나님을 향한 찬송이 끊이지 않게 하옵소서.
매 순간 하나님의 뜻이 무엇인지 먼저 생각하고
행동하게 하옵소서.

참 진리이신
예수님의 이름으로 기도합니다.
아멘.

오늘의 한 줄 기도

은사를 충성스럽게 사용하는 자녀

"너희는 더욱 큰 은사를 사모하라
내가 또한 가장 좋은 길을 너희에게 보이리라"(고전 12:31).
"각각 은사를 받은 대로 하나님의 여러 가지 은혜를 맡은
선한 청지기같이 서로 봉사하라"(벧전 4:10).

하나님, 사랑하는 _____가
오늘도 하나님 안에서 참 평안과 안식을
누리게 하시니 감사합니다.
_____의 삶에 꿈을 주시고
그 꿈을 향해 나아갈 때 필요한 은사를 허락해 주옵소서.

_____가 하나님이 주신 은사와 달란트를
올바로 발견하길 원합니다.
그 은사가 주님께로부터 온 것임을 알고
감사한 마음을 잊지 않게 해 주시고,
하나님 나라를 위해 사용할 수 있는
더 귀한 은사들을 사모하게 하옵소서.

사랑하는 _____가
하나님이 보여 주시는 길을 따라 살게 하옵소서.
선한 청지기의 마음을 가지고 은사를 사용할 때
다른 사람들과 협력하길 원합니다.
교회와 공동체를 겸손하게 섬기며
주신 달란트를 하나님의 영광을 위해 사용하게 하옵소서.
자신의 힘과 지혜가 아닌,
하나님의 능력을 순간마다 의지하는
_____가 되게 하옵소서.

우리에게 평강을 주시는
예수님의 이름으로 기도합니다.
아멘.

오늘의 한 줄 기도

믿음의 자녀로 키워요 6

미디어 속에서 살아가는 자녀

미국에서 실시한 뇌 발달과 청소년 건강에 관한 연구에서 전자 기기를 많이 사용하는 사람의 뇌와 그렇지 않은 사람의 뇌가 다른 형태를 띠고 있다는 사실이 밝혀졌습니다. 즉, 전자 기기의 사용 시간이 길수록 사고력과 언어 테스트 점수가 낮으며, 수면과 관련 있는 멜라토닌 수치가 낮아져 수면의 질이 떨어집니다. 또한 각종 보고서는 온라인 활동에 집중할수록 삶의 만족감이 떨어진다고 말합니다. 그렇다면 자녀가 미디어 사용(스크린 타임)을 잘하도록 어떻게 가르쳐야 할까요?

1. 자녀를 나무라는 방법보다 용서를 구하세요.
"딱 한 시간만 하라고 했지?", "말 안 들으면 핸드폰 압수한다!" 등 부모는 쉽게 자녀에게 소리를 지르는 훈육 방법을 선택합니다. 이런 부모의 외침은 자녀가 잠깐 들을 수 있으나, 반감을 불러일으키기 쉽습니다. 전문가들은 오히려 자녀에게 용서를 구하라고 합니다. "아빠, 엄마가 '스크린 타임' 역할을 잘하지 못해서 미안해. 네가 무슨 게임을 하고 무슨 영상을 보는지 살피지 못했어. 아빠, 엄마는 하나님의 선물인 네가 건강하고 행복하게 성장하기를 진심으로 바라고 있단다. 도움이 되어 주지 못한 것을 용서해 주겠니?"라고 말해보세요. 혼내는 것보다 용서를 구하는 모습이 자녀 변화의 출발점이 될 것입니다.

2. 자녀와 함께 미디어 사용 시간을 정하세요.
자녀와 함께 자녀의 미디어 사용 시간과 법칙을 정해 보세요. 게임 시간, TV 및 유튜브 시청 시간 등을 정합니다. 부모가 모범이 되어 미디어 사용 시간을 지키면, 자녀 역시 지키고자 하는 강력한 동기를 얻게 됩니다. 미디어를 사용하지 않는 시간에 자녀와 무엇을 할지 정해 보세요. 가정예배를 드리거나, 함께 책을 읽거나, 산책을 하거나, 놀이를 하기로 약속해 보세요. 부모와 자녀가 함께 시간을 보내는 동안 자녀의 사회성과 언어력이 자연스럽게 성장할 것입니다.

3. 식사 시간에는 집중하세요.

부모가 먼저 휴대폰 벨소리를 무음으로 바꾸세요. 아무리 중요한 메시지도 자녀와 함께하는 시간보다 귀하지 않습니다. 식사 시간 동안 자녀에게 질문해 보세요. "오늘 감사했던 일이 있었니?", "화가 나거나 속상한 일이 있었니?", "친한 친구의 어떤 점이 좋니?", "아빠, 엄마가 무슨 기도를 해 주면 좋겠니?" 등 자녀의 감정을 다루는 시간을 가져 보세요.

"너희는 여호와의 선하심을 맛보아[taste] 알지어다"(시 34:8).

자녀는 생각보다 빨리 자랍니다. 그리고 지나간 순간은 다시 오지 않습니다. 미디어 속에 살아가는 자녀의 시선이 부모에게로, 세상으로, 하나님께로 향하도록 도와주세요. 자녀가 바라보는 세상은 만져지고, 냄새가 맡아지고, 맛보아지는 세상이어야 합니다.

〈참고 문헌〉
게리 채프먼, 알린 펠리케인, 윤은숙 역, 『스마트폰에 빠진 아이들, 어떻게 가르칠 것인가?』(생명의말씀사, 2015).

성령의 열매를 맺는 자녀

성령님과 동행하는 자녀

"보혜사 곧 아버지께서 내 이름으로 보내실
성령 그가 너희에게 모든 것을 가르치고
내가 너희에게 말한 모든 것을 생각나게 하리라"(요 14:26).

하나님, 사랑하는 _____의 마음속에
성령님을 보내 주시고
_____가 성령님을 환영하게 하옵소서.
사랑하는 자녀의 삶에
성령님이 동행해 주시고
눈동자와 같이 지켜 주시며 보호해 주옵소서.

_____가 영적 전쟁으로 가득한 이 세상에서
하나님의 능력으로 승리하기를 원합니다.
몸과 마음과 영혼을
성령으로 충만하게 하옵소서.
육체의 욕심을 따르지 않고
진리의 영이신 성령님의 거룩하심을 따라 살게 하옵소서.

사랑하는 _____가 매일 성령님과 대화하며
성령님을 기쁘시게 하는 삶을
선택하도록 인도해 주옵소서.
사랑과 희락, 화평과 오래 참음으로 살게 하옵소서.
자비와 양선, 충성과 온유, 절제 등
성령의 9가지 열매를 아름답게 맺게 하옵소서.

우리에게 성령님을 선물로 주시는
예수님의 이름으로 기도합니다.
아멘.

오늘의 한 줄 기도

사랑의 열매를 맺는 자녀

"사랑 안에 두려움이 없고 온전한 사랑이 두려움을 내쫓나니
두려움에는 형벌이 있음이라
두려워하는 자는 사랑 안에서 온전히 이루지 못하였느니라"(요일 4:18).

하나님, 사랑하는 _____에게
아름다운 사랑의 열매를 허락해 주옵소서.
조건 없이 전부를 주신 하나님의 사랑으로
건강한 자존감을 갖게 되길 원합니다.
상대방을 존중히 여기는 성품으로 자라게 하옵소서.

_____가 주님이 십자가에서 베푸신
온전하고 완전한 사랑을 깨닫게 해 주옵소서.
두려움과 근심을 주님께 맡기며
변함없는 하나님의 사랑에
믿음의 뿌리를 내리게 하옵소서.

부모인 저에게 긍휼을 베풀어 주셔서
사랑하는 _____에게 사랑의 자격을 요구하지 않고
있는 모습 그대로 사랑하게 하옵소서.
부족한 저를 받아 주시는 주님의 마음으로
_____를 양육할 수 있도록 은혜를 주옵소서.

변함없이 사랑해 주시는
예수님의 이름으로 기도합니다.
아멘.

오늘의 한 줄 기도

희락의 열매를 맺는 자녀

"여호와의 속량함을 받은 자들이 돌아오되
노래하며 시온에 이르러 그들의 머리 위에 영영한 희락을 띠고
기쁨과 즐거움을 얻으리니 슬픔과 탄식이 사라지리로다"(사 35:10).

하나님, 사랑하는 _____에게
영원한 희락의 열매를 허락해 주옵소서.
순간의 즐거움에 마음을 뺏기지 않으며
하나님이 주시는 하늘의 기쁨을 사모하는
하나님의 사람이 되게 하옵소서.

사랑하는 _____가
슬픔과 탄식을 마주하는 순간마다
하나님이 동행해 주시길 원합니다.
회복의 주님, 구원의 주님을 바라보며
주님이 허락하신 새 소망의 기쁨으로
승리하게 하옵소서.

하나님이 우리 가정에 _____를 선물로 주신
처음 감격을 회복하기 원합니다.
자녀의 존재 자체가 저의 기쁨이었던
순간들을 잊지 않고 기억하게 해 주시고
자녀 양육의 기쁨과 소망을 회복하게 하옵소서.

진정한 기쁨을 허락해 주신
예수님의 이름으로 기도합니다.
아멘.

오늘의 한 줄 기도

46일

화평의 열매를 맺는 자녀

"온유한 자들은 땅을 차지하며 풍성한 화평으로 즐거워하리로다"(시 37:11).
"온전한 사람을 살피고 정직한 자를 볼지어다
모든 화평한 자의 미래는 평안이로다"(시 37:37).

하나님, 사랑하는 _____에게
풍성한 화평의 열매를 허락해 주옵소서.
세상이 줄 수 없는 평화를 주시는 하나님으로 인해
마음과 몸이 균형 있게 자라며
타인을 이해하는 넓은 마음을 갖게 하옵소서.

_____가 가는 곳마다
화평의 도구가 되도록 인도하옵소서.
예수님을 닮은 온유한 자가 되어
주님이 허락하신 지경이
넓어지기를 원합니다.

사랑하는 _____가
장래를 책임지시고 인도하시는
주님만 신뢰하기를 원합니다.
세상의 소리에 귀를 기울이기보다
주님의 음성에 평안을 누리게 하옵소서.
주변 사람들에게 따뜻한 말과
사랑의 행동을 함으로써
화평케 하는 자가 되게 하옵소서.

평화의 왕이신 예수님의 이름으로 기도합니다.
아멘.

오늘의 한 줄 기도

47일

오래 참음의 열매를 맺는 자녀

"그의 영광의 힘을 따라 모든 능력으로 능하게 하시며
기쁨으로 모든 견딤과 오래 참음에 이르게 하시고"(골 1:11).

하나님, 사랑하는 _____에게
오래 참음의 열매를 허락해 주옵소서.
급격하게 변하는 세상 속에서
잠잠히 지혜롭게 판단할 수 있는
하늘의 능력을 허락해 주시기 원합니다.

_____가 이 세대를 본받지 않고
오직 마음을 새롭게 함으로
말씀 앞에서 끝까지 중심을 지키고 인내하여
마침내 주님의 영광을 기쁨으로 보게 하옵소서.
마음속에 있는 나쁜 감정들을 치유하여 주시고
인내함으로 분을 다스리는
은혜의 자녀가 되게 하옵소서.

사랑하는 _____를 양육할 때
저의 믿음과 생각이 거룩하게 변화되는
은혜를 주시길 원합니다.
제 말과 행동이 주님보다 앞서지 않도록
인내를 허락해 주시고,
주님의 마음을 닮아 가도록 역사하옵소서.

오래 참으사 우리를 위해 십자가를 지신
예수님의 이름으로 기도합니다.
아멘.

오늘의 한 줄 기도

48일

자비의 열매를 맺는 자녀

"여호와께서 그의 앞으로 지나시며 선포하시되
여호와라 여호와라 자비롭고 은혜롭고 노하기를 더디 하고
인자와 진실이 많은 하나님이라"(출 34:6).

하나님, 사랑하는 _____에게
자비의 열매를 허락해 주시길 원합니다.
때로는 연약하여 실수하고 넘어질 때도
자비롭고 은혜롭고 노하기를 더디 하시는
하나님의 보좌 앞에
담대히 나아갈 용기를 주옵소서.

주위 사람들의 아픔에
함께 울 수 있는 눈물과
도움이 필요한 자에게 손을 내밀 수 있는
따뜻한 가슴을 지닌
_____가 되게 하옵소서.

부모인 제가 자비의 마음으로
사랑하는 _____를 바라보게 해 주셔서
내면의 감정을 사랑으로 보듬게 하옵소서.
_____의 생각과 형편을 긍휼한 마음으로 안아 주는
넉넉한 품을 가진 아름드리나무와 같은
부모가 되게 하옵소서.

언제나 자비로 용서해 주시는
예수님의 이름으로 기도합니다.
아멘.

오늘의 한 줄 기도

49일　　　　　　　　　　　　년　월　일

양선의 열매를 맺는 자녀

"너희로 하여금 모든 신령한 지혜와 총명에
하나님의 뜻을 아는 것으로 채우게 하시고 주께 합당하게 행하여
범사에 기쁘시게 하고 모든 선한 일에 열매를 맺게 하시며
하나님을 아는 것에 자라게 하시고"(골 1:9하–10).

하나님, 사랑하는 _____가
양선의 열매를 아름답게 맺게 하옵소서.
혼란한 시대에 선악을 분별하게 해 주시고
하나님의 뜻을 올바로 깨달을 수 있는
지혜를 주옵소서.

_____에게 선한 양심을 더하여 주옵소서.
바나바처럼 착한 사람이요
성령과 믿음이 충만한 사람이 되어
큰 무리를 주님 앞에 돌아오게 하는
주님의 제자가 되게 하옵소서.

부모인 제가 사랑하는 _____를
말씀으로 양육하는 가정의 신앙 교사로
결단하기를 원합니다.
말씀은 모든 선한 일을 행할 능력임을 고백하오니,
지식보다 하늘의 지혜를 전수하는
성령 충만한 부모가 되게 하옵소서.

평생에 선하심과 인자하심을 베풀어 주시는
예수님의 이름으로 기도합니다.
아멘.

오늘의 한 줄 기도

50일

충성의 열매를 맺는 자녀

"내 눈이 이 땅의 충성된 자를 살펴
나와 함께 살게 하리니
완전한 길에 행하는 자가 나를 따르리로다"(시 101:6).

하나님, 사랑하는 _____가
충성의 열매를 넉넉히 맺게 하옵소서.
하나님의 마음을 시원하게 해드리는 신실한 자로
작은 일에서도 하나님의 뜻을 발견하는
착하고 충성된 종이 되기를 원합니다.

_____에게 견고하고 신실한 믿음을 주옵소서.
세상은 변하고 풍조는 나날이 험하여도
믿음의 주요 온전하게 하시는
주님을 바라보며,
그 신앙이 날로 깊어지고
확장되게 하옵소서.

부모인 제가 사랑하는 _____를 양육할 때
겸손하고 신실하게 하옵소서.
제가 해야 할 일과
주님께 맡겨야 할 영역을 분별하게 해 주셔서
마침내 주인의 즐거움에
참여하게 하옵소서.

변함없이 신실하신
예수님의 이름으로 기도합니다.
아멘.

오늘의 한 줄 기도

51일

년 월 일

온유의 열매를 맺는 자녀

"아무도 비방하지 말며 다투지 말며
관용하며 범사에 온유함을
모든 사람에게 나타낼 것을 기억하게 하라"(딛 3:2).

하나님, 사랑하는 _____가
범사에 온유한 열매를 맺길 원합니다.
_____의 마음을 보배롭고 존귀하게 해 주셔서
다른 사람의 단점을 발견하는 눈을 갖기보다
칭찬과 격려의 입술로
생명을 살리는 삶을 살게 하옵소서.

_____가 온유한 사람으로 살게 하옵소서.
그리하여 땅을 정복하는 자가 아니라
땅을 기업으로 받는 자가 되게 하옵소서.
스스로 높아지고자 하지 않고
주님 앞에서 낮아질 때,
오히려 높여 주시는 주님을 보게 하옵소서.

사랑하는 _____의 미래에 대한 불안과 염려가
부모인 저의 완고함과 교만함으로
이어질까 두렵습니다.
우리 가정을 긍휼히 여기사
하나님 나라를 이루게 해 주시고
겸손히 주님께 나아가는
믿음의 가정이 되게 하옵소서.

우리의 멍에를 대신 지시고 쉼을 주시는
온유하신 예수님의 이름으로 기도합니다.
아멘.

오늘의 한 줄 기도

절제의 열매를 맺는 자녀

"너희도 상을 받도록 이와 같이 달음질하라
이기기를 다투는 자마다 모든 일에 절제하나니
그들은 썩을 승리자의 관을 얻고자 하되
우리는 썩지 아니할 것을 얻고자 하노라"(고전 9:24하–25).

하나님, 사랑하는 _____가
복음을 위한 절제의 열매를 맺게 하옵소서.
수많은 유혹과 시험이 넘치는 세상에서
하나님의 은혜로 그 걸림돌을 뛰어넘어
참된 승리의 기쁨을 누리길 원합니다.

사랑하는 _____에게 영적인 전투에서
이기는 습관을 허락하여 주옵소서.
주님이 주신 비전과 목적이 선명하여
다른 길에서 방황하지 않고
생명의 길로 올곧이 걸어가게 하옵소서.

부모인 저의 몸과 마음이
성령의 전임을 고백합니다.
예배할 때 저의 작음과
주님의 크심을 발견하게 해 주시고,
기도할 때 _____를 향한 잘못된 기대가 변하여
마침내 "아버지의 원대로 하옵소서"라는
믿음의 고백을 드리게 하옵소서.

승리의 면류관을 허락하시는
예수님의 이름으로 기도합니다.
아멘.

오늘의 한 줄 기도

믿음의 자녀로 키워요 7

이 땅의 아빠들을 응원합니다

가정에서 아빠의 영향력이 점점 줄어드는 것 같습니다. 그러나 성경은 아빠의 영적인 권위와 아빠가 자녀에게 미치는 영향력을 매우 강조합니다.

미국의 번 벵스턴(Vern Bengtson)이 45년 동안 356개의 가정을 관찰한 결과, 신앙의 영역에서만큼은 엄마보다 아빠가 자녀에게 훨씬 큰 영향을 준다고 합니다. 흥미로운 사실은 아빠와 자녀의 관계가 좋을수록 부모의 신앙을 물려받을 확률이 통계적으로 매우 높다는 것입니다.

즉, 자녀가 믿음의 세대로 세워지기 위해서는 아빠와의 관계가 필요하다는 말입니다. 『아버지의 10가지 약속』의 저자 조시 맥도웰(Josh McDowell)은 아빠의 유형을 '규칙과 관계의 균형'의 관점에서 4가지로 나눕니다.

1. 독재자 아빠

"아빠가 뭐라고 했어? 밤 10시까지 집에 오라고 했지! 왜 늦게 왔어?" 이 질문에서 무엇이 느껴지십니까? 권력을 휘두르는 독재자가 떠오릅니다. 규칙의 영역은 높지만, 관계의 영역은 없습니다. 정서적 관계가 부족한 자녀는 부모로부터 탈출을 시도하게 됩니다.

2. 한없이 너그러운 아빠

자녀에게 모든 것을 주고 싶은 것이 부모의 마음입니다. 그러나 한없이 너그럽기만 한 아빠도 자녀와 건강한 관계를 가질 수 없습니다. 규칙은 없고, 관계에만 집중하기 때문입니다. 자녀는 어느새 아빠의 권위를 무시하게 되고 자신의 마음대로 행동하게 됩니다.

3. 자유방임형 아빠
일이 바쁘거나 자신에게 너무 열중한 나머지 자녀를 방치하는 아빠입니다. 아빠의 관심을 받지 못한 자녀의 마음에는 상처와 분노가 자라게 됩니다. 규칙도 없고, 관계도 없는 이러한 아빠와의 관계는 자녀에게 다음과 같은 메시지를 던지는 것과 같습니다. '넌 소중하지 않아. 사랑받을 자격이 없어!'

4. 사랑으로 기르는 아빠
사랑이 최우선인 아빠는 규칙과 관계의 균형을 억지로 맞추려고 노력하지 않습니다. 사랑의 관계 안에서 규칙을 가르치기 때문입니다. 사랑의 관계가 규칙을 덮어 줍니다. 마치 예수님이 죄인들을 사랑으로 덮어 주신 것처럼 자녀를 덮어 줍니다. 하나님의 성품은 사랑과 공의가 만나는 지점에 있습니다. 자녀를 향한 양육도 사랑에서 출발해서 공의와 만나야 합니다.

좋은 아빠가 되려고 억지로 애쓸 필요는 없습니다. 다만 자녀와 함께하는 순간을 귀하게 여겨야 합니다. 다시 오지 않을 자녀의 눈부신 성장에 오롯이 함께해 보세요. 자녀와 만드는 관계의 집이 어느새 아름답게 지어져 있을 것입니다.

〈참고 문헌〉
조시 맥도웰, 최요한 역, 『아버지의 10가지 약속』(아가페북스, 2016).

사명선언문

너희가 흠이 없고 순전하여……세상에서 그들 가운데 빛들로
나타내며 생명의 말씀을 밝혀 _ 빌 2:15-16

1. 생명을 담겠습니다
만드는 책에 주님 주신 생명을 담겠습니다.
그 책으로 복음을 선포하겠습니다.

2. 말씀을 밝히겠습니다
생명의 근본은 말씀입니다.
말씀을 밝혀 성도와 교회의 성장을 돕겠습니다.

3. 빛이 되겠습니다
시대와 영혼의 어두움을 밝혀 주님 앞으로 이끄는
빛이 되는 책을 만들겠습니다.

4. 순전히 행하겠습니다
책을 만들고 전하는 일과 경영하는 일에 부끄러움이 없는
정직함으로 행하겠습니다.

5. 끝까지 전파하겠습니다
모든 사람에게, 땅 끝까지, 주님 오시는 그날까지
복음을 전하는 사명을 다하겠습니다.

서점 안내

광화문점	서울시 종로구 새문안로 69 구세군회관 1층 02)737-2288 / 02)737-4623(F)
강남점	서울시 서초구 신반포로 177 반포쇼핑타운 3동 2층 02)595-1211 / 02)595-3549(F)
구로점	서울시 동작구 시흥대로 602, 3층 302호 02)858-8744 / 02)838-0653(F)
노원점	서울시 노원구 동일로 1366 삼봉빌딩 지하 1층 02)938-7979 / 02)3391-6169(F)
일산점	경기도 고양시 일산서구 중앙로 1391 레이크타운 지하 1층 031)916-8787 / 031)916-8788(F)
의정부점	경기도 의정부시 청사로47번길 12 성산타워 3층 031)845-0600 / 031)852-6930(F)
인터넷서점	www.lifebook.co.kr